GUIDE PRATIQUE DE L'AUTO-HYPNOSE

Comment développer la mémoire, arrêter de fumer, vaincre la timidité, etc...

Viviane
enaiviv

Valéry Sanfo

GUIDE PRATIQUE DE L'AUTO-HYPNOSE

Comment développer la mémoire, arrêter de fumer, vaincre la timidité, etc...

EDITIONS DE VECCHI S.A.
20, rue de la Trémoille
75008 PARIS

Traduction de M. Melcore

Introduction

Ce texte est tiré d'un cours d'auto-hypnose et de dynamique mentale que j'anime personnellement depuis plusieurs années. C'est l'expérience elle-même qui me révèle de plus en plus que l'homme possède de grands trésors dont bien souvent il ignore l'existence. Mon but est que chacun, grâce à cet ouvrage, tire profit des techniques qui vont être décrites ici.

En abordant ce thème de l'auto-hypnose, je me propose de présenter au lecteur des techniques élémentaires qui permettront à chacun d'atteindre un équilibre psychophysique avec le seul secours de l'esprit.

A mon avis, il est important d'utiliser des systèmes simples qui donnent un meilleur résultat plutôt que des techniques trop élaborées pour lesquelles des changements, des choix et des renoncements seraient nécessaires et qui seraient trop différentes de notre conception occidentale de la vie.

Grâce à l'auto-hypnose, on peut agir, par l'intermédiaire de l'esprit, sur différentes fonctions cellulaires et créer des réactions contrôlées. Les facteurs les plus importants de la technique de l'auto-hypnose sont *l'application* et *la constance.* Lire uniquement ce livre ne servirait à rien, car il ne renferme aucune formule magique. C'est uniquement en faisant preuve de concentration et de volonté que le lecteur atteindra les objectifs qu'il s'est fixés.

Hypnose ne signifie pas sommeil, même si l'étymologie de ce mot vient du grec *hypnos* qui veut justement dire sommeil. L'hypnose est un état altéré de conscience dans lequel l'individu peut utiliser ses forces psychiques et toutes les facultés "paranormales" qui sont en lui.
L'hypnose n'est pas un phénomène psychologique dû aux suggestions mais un phénomène biologique au cours duquel se font de véritables modifications physiologiques.
Si vous voulez résoudre les problèmes qui vous assaillent, trouver la tranquillité et la paix, ces techniques peuvent répondre à cette exigence. Cela ne dépend que de vous et de personne d'autre. Il suffit de le vouloir. En mettant en pratique les suggestions et les techniques décrites dans cet ouvrage, vous constaterez chaque jour de grands changements en vous. Votre entourage sera étonné de vous voir si paisible, si détendu, si sûr de vous.
Combien de fois avez-vous vainement cherché auprès d'autres personnes ou en d'autres lieux l'aide nécessaire pour pouvoir résoudre vos propres problèmes? Ne vous tournez plus vers autrui, mais intéressez-vous à votre esprit, à votre *psyché*. Votre corps est un réceptacle et votre *moi* véritable y est enfoui. Il possède toute la force dont vous avez besoin.
Au cours des exercices, vous aurez à utiliser des symboles et des couleurs. Je vous recommande de ne pas sous-estimer ces techniques, car bien que très simples, elles permettent de façon sûre de conduire l'individu aux différents niveaux de sa connaissance intérieure.
La couleur représente une vibration subtile, une fréquence, une énergie bien précise, qui sert de véhicule, d'intermédiaire.
Le *rouge* purifie, donne la vitalité, la force, le courage; l'*orange* représente la recherche, augmente la mémoire, agit sur l'âme; le *jaune* est la connaissance, il illumine l'esprit, chasse les idées noires; le *vert* agit sur la volonté, c'est le

symbole de la vie, des battements du cœur, du libre arbitre; l'*indigo* est le symbole de la sérénité, de la spiritualité, de l'amour du prochain, il permet la divination; le *bleu* repose, tranquillise, apporte l'harmonie, la paix et la sensibilité d'écoute; le *violet* est le symbole de la transcendance, de l'amour divin, de l'abstraction complète.

A leur tour, les symboles sont d'importants messages; ils sont le résumé, le concentré de grandes énergies ancestrales, comme par exemple le symbole de la croix dans le christianisme.

Le *cercle* a une fonction protectrice, c'est le symbole de la création, de l'harmonie; il représente l'inconscient collectif, l'éternité; le *carré* représente le côté rationnel de l'homme, les forces de la nature, la volonté, l'activité, le conscient de l'homme; le *triangle* est l'amour transcendant, la sagesse, la perfection, la lumière, les forces internes, l'équilibre entre le corps, l'âme et l'esprit.

Au cours d'une séance d'auto-hypnose, les symboles, les couleurs, les mots s'unissent, interagissent, ouvrent la voie qui permettra d'atteindre votre moi profond.

L'hypnose guidée est plus aisée, mais plus sujette au conditionnement en raison justement de l'intervention d'un tiers qui dirige l'expérience en fonction de sa propre façon de penser.

Dans l'auto-hypnose, l'individu est seul. Seul à déambuler dans les méandres de sa psyché à la recherche de sensations et d'émotions qu'il ne soupçonnait pas.

La vie psychique

L'homme ne doit pas s'identifier à son corps mais à son esprit, à son âme (ou psyché).
C'est par l'esprit que s'établit la communication avec le monde, que les expériences s'accumulent, que se forme le caractère.
L'homme est le seul être qui puisse se dire *je suis*, ce *je suis* qui prend les traits de la divinité.
L'homme est un ensemble d'énergies, de forces, de connaissance, un être primitivement sans défense, qui est devenu le maître de la planète grâce à l'utilisation de l'expérience.
Pendant des millénaires, de génération en génération, il a accumulé le savoir, la connaissance et forgé un réservoir immense d'informations.
L'Adam biblique est la représentation de toute l'humanité dans son ensemble. Il se dédouble en mâle et femelle. En fait, l'être humain est androgyne. L'homme accueille ainsi un esprit féminin et la femme un esprit masculin: "l'animus".
Le principe créateur est le phallus, le principe créé est le vagin. L'homme représente l'actif, la femme le passif.
Par la religion, l'être humain tente de retrouver son unité en s'adressant au *Je suprême*, dont il fait lui-même partie. C'est le secret de Moïse, le secret de l'initiation, l'impulsion vers le Christ.

La psyché de l'homme est elle aussi composée de deux parties : le conscient et l'inconscient. De tous les êtres ayant une représentation physique, seul l'homme a conscience de lui-même. Il sait qu'il est un homme. Par sa propre conscience, l'homme se reconnaît comme une entité vivante et s'identifie à ses actions. L'animal est conscient, mais n'a pas la conscience de lui-même. Un chien ne sait pas qu'il est un chien, même s'il perçoit le monde extérieur comme l'homme. L'animal souffre, éprouve de la joie, de la peur, mais ne sait pas qu'il existe en tant qu'être à part. Sa conscience n'a pas d'ego propre, mais fait partie d'un réservoir plus grand appelé agglomération psychique, ou esprit de race.
Chez l'homme existe la personnalité qui représente l'affirmation de son individualité personnelle, inaltérée par les événements et présente dans le temps.
Pendant sa vie consciente, chaque être perçoit le monde extérieur et ressent en lui-même une impulsion vers la connaissance qui le pousse toujours davantage à savoir, à connaître et à découvrir. Entre le conscient et l'inconscient, il existe un entremêlement de la vie psychique et en ce lieu de l'esprit est présent le *sur-moi*.
Le sur-moi se développe dès l'enfance en réaction à certaines pulsions. Il est le fondement de notre sens moral. L'éducation, le milieu social, l'éthique religieuse et culturelle ont créé des codes, des formules, des règles auxquels notre comportement est conditionné et qu'il accepte comme de véritables dogmes.
Pour comprendre que notre façon de penser n'est pas forcément la bonne, il suffit de la confronter à celle d'individus qui vivent dans une région éloignée de la nôtre, qui appartiennent à une autre classe sociale, à une autre religion. Nous constatons rapidement une grande différence. Il faut en fait réaliser que personne n'est tout à fait dans l'erreur ni tout à fait dans le vrai. Chacun d'entre nous forge son

propre jugement, ses propres codes de référence par rapport au monde qui nous entoure.
Mais continuons notre voyage à l'intérieur de l'esprit humain et laissons-là ce juge "personnel" pour atteindre le niveau du *subconscient*.
C'est dans notre subconscient que se trouvent emmagasinées toutes nos connaissances conscientes ou inconscientes. Mais ces informations peuvent resurgir au niveau du conscient. Chaque nuit, par l'intermédiaire des rêves, durant la phase R.E.M. (Rapid Eyes Movements: mouvements rapides des yeux), l'homme "vit" afin de défouler ses tensions et ses conflits, de satisfaire ses désirs. C'est dans notre subconscient que se déroule une partie très active de notre vie. Rêver est indispensable pour équilibrer l'homme et régulariser son métabolisme affectif. C'est également par le truchement du subconscient que nos problèmes psychologiques se transforment en symptômes organiques. L'angoisse, le stress, les tensions deviennent de véritables maladies qui engendrent souffrance et changements psychiques.
Nous voici maintenant au stade de l'*inconscient personnel*. Cet important réservoir de notre vie psychique qui nous échappe complètement, qui ne nous est pas connu, est la trame même de notre personnalité. Notre inconscient renferme toutes nos expériences vécues, nos complexes, nos peurs. Tout notre passé y est inscrit: depuis les derniers mois de notre vie intra-utérine jusqu'à notre mort. Tous les lieux, toutes les personnes, tous les objets qui ont à un moment donné traversé notre existence, tout ce que nous avons vécu comme expérience sensorielle ou émotionnelle a été enregistré dans notre inconscient personnel.
Nous possédons donc une super mémoire, mais nous ne sommes pas capables de l'utiliser *consciemment*, à moins de faire appel à des techniques telles que celles de l'hypnose ou de l'auto-hypnose. C'est par l'état altéré de notre cons-

cience à ces moments-là que nous pouvons communiquer avec ce grand réservoir de notre inconscience et l'utiliser pour atteindre les buts que nous nous sommes fixés.

Par la suggestion (du latin *sub-genere*, qui veut dire faire penser quelque chose à quelqu'un), ou par l'autosuggestion (qui n'est rien d'autre qu'un processus psychologique par lequel le patient exerce cette suggestion sur lui-même), on peut s'introduire dans l'inconscient personnel et en tirer parti.

Si nous pouvions nous souvenir de toutes nos expériences passées même les plus infimes, nous serions tous des êtres exceptionnels. Imaginons un instant ce que serait notre vie si nous nous rappelions sans problème de tout ce que nous avons lu, entendu, vu, senti... En fait, tout cela est bien présent mais est caché au plus profond de notre inconscient. Seul émerge facilement ce qui a été important pour notre survie. Par exemple, si un aliment avarié nous a causé un début d'empoisonnement, nous nous en souviendrons longtemps. Si un article lu dans un journal nous a été utile pour résoudre un de nos problèmes du moment, il restera aussi imprimé dans notre mémoire. Le reste sera renvoyé dans notre inconscient.

Mais cet inconscient sert aussi à refouler toutes les expériences désagréables, que nous aurons a priori éliminées mais qui en fait se trouvent dissimulées au plus profond de notre inconscient.

Dans cet inconscient, existent aussi tous les archétypes qui forment nos premières pensées, les concepts sur lesquels nous nous basons pour établir des comparaisons. Le mot archétype vient du grec *arkhetupon*, l'original qui sert de modèle. Nous avons donc le premier exemple, la première forme, le prototype, le premier point de comparaison.

Chaque fois que nous percevons le monde extérieur, nous établissons une comparaison avec nos archétypes, avec notre

expérience acquise. Chaque jour, nous augmentons le nombre de ces archétypes, de ces premiers exemples que nous utiliserons dans notre vie psychique.
Par cette comparaison, notre psyché porte un jugement, attribuant ou pas une valeur à ce concept en le confrontant à l'archétype ou l'expérience. Il y a ensuite un tri, c'est-à-dire une acceptation ou un rejet de cette information. Supposez que je dise à quelqu'un qu'il y a un lapin dans le ciel. Cette personne ne me croira pas car elle confrontera cette information à l'archétype du lapin, qui ne vole pas.
L'information a donc été repoussée par confrontation à l'archétype. Mais si cette information arrive directement dans l'inconscient sans passer par le conscient, en n'étant donc pas l'objet d'une sélection, elle sera automatiquemnet acceptée.
C'est ainsi qu'un individu sous hypnose me croira si je lui dis que les lapins volent et lèvera les yeux au ciel pour les regarder voler. On comprend à l'aide de cet exemple que l'inconscient est une espèce de grand magasin, renfermant toutes sortes de marchandises, mais qui ne fait aucun tri.
L'hypnose et l'auto-hypnose nous permettent d'utiliser ce réservoir formidable d'informations en tous genres dans lequel nous trouverons toujours ce que nous cherchons.
Laissons maintenant de côté cet inconscient personnel pour nous intéresser à cet autre réservoir qu'est l'*inconscient collectif*.
L'inconscient collectif renferme les expériences et les archétypes de l'humanité toute entière. Il ne dépend pas de l'individu lui-même et lorsqu'il fonctionne mal, surgissent chez tous les hommes des idées communes telles que certaines peurs, la recherche de la destruction collective, etc.
Pouvoir puiser dans cet inconscient collectif suppose la connaissance de l'histoire de l'humanité. Le mot *magie* sert justement à indiquer l'accès à ce grand réservoir où chaque

homme contient tous les autres. L'inconscient collectif joue un grand rôle dans la vie psychique individuelle. Chaque homme détient en lui, depuis sa naissance, des informations génétiques qu'il n'a pas acquises comme celles qu'il a accumulées dans son inconscient personnel. Il s'agit ici d'archétypes collectifs qui sont en fait les premières expériences de l'humanité, le souvenir du feu, le symbole de la divinité solaire, la recherche de protection par un père suprême, etc.
Nous voici maintenant arrivés au dernier réservoir psychique : l'inconscient instinctif. Il renferme tous les instincts qui existent aussi chez l'animal.
Pendant les premiers mois de son existence, l'homme vit comme un animal, c'est-à-dire qu'il réagit de façon instinctive, à des fins uniquement biologiques. La nutrition est son but principal et lui procure un immense plaisir. Instinctivement, chaque homme recherche le plaisir, le bien-être matériel, la sécurité.
Il existe plusieurs instincts : l'instinct sexuel, l'instinct de conservation, l'instinct grégaire... Ces instincts sont contrôlés par notre conscience. Exceptionnellement, ils lui échappent poussant l'homme à des actions violentes, telles que le raptus, la violence sexuelle... Mais l'homme peut utiliser à bon escient de telles forces qui peuvent l'aider à trouver le chemin de la connaissance.
L'instinct sexuel peut se transformer en amour de l'humanité, l'instinct grégaire prendre la forme d'une attirance vers la communauté. Ces forces animales sont alors sublimées et permettent à l'homme d'évoluer.
Notre bref voyage dans les sphères de la psyché humaine s'achève maintenant par un réservoir qui reçoit toutes les pulsions évolutives et qui se trouve au-delà de la partie consciente : le super-conscient.
L'inconscient collectif fait référence au passé et le super-conscient à l'avenir. Grâce au super-conscient, nous pou-

vons transcender la réalité, approcher la vérité, améliorer notre connaissance existentielle.

Le chemin qui mène au super-conscient était appelé *initiation* jadis, et maintenant *transcendance.* Mais il faut faire attention car ce dernier terme est employé de plus en plus souvent par des gens qui n'en connaissent pas la signification exacte. La transcendance suppose que la conscience est dégagée de toute expérience et l'intervention d'un principe extérieur voire supérieur.

Pour arriver au stade transcendantal, les techniques de relaxation, la concentration sur les points sensibles (chakras) ne sont pas suffisants. Il faut changer, se transformer pour atteindre un état de sérénité tel que nous nous sentons en paix avec les autres comme avec nous-mêmes.

Les techniques respiratoires

Nous savons tous que l'homme respire mal car il n'exploite que le huitième des capacités respiratoires de ses poumons. L'importance de la respiration est également connue : c'est grâce à l'oxygène que nous aspirons que l'homme vit. Moins bien d'ailleurs depuis qu'il a instauré le commerce du tabac dont la consommation cause des dégâts (parfois irréversibles).

La respiration est un acte à la fois volontaire et involontaire. Nous ne pouvons nous empêcher de respirer mais nous pouvons contrôler l'intensité de notre respiration. Par la double entrée/sortie de l'air par le nez et par la bouche, nous pouvons créer des combinaisons respiratoires diverses (utilisation d'une narine à la fois, par exemple).

Une véritable gymnastique respiratoire est ainsi possible de façon que nous utilisions nos poumons pour les rendre les plus efficaces possible.

Examinons maintenant quelques techniques respiratoires qui nous aideront tant sur le plan physique que psychique, si nous les appliquons correctement.

La respiration abdominale

Il faut procéder de la façon suivante :

— maintenir le thorax immobile, et au moment de l'inspiration abaisser le diaphragme en sortant par conséquent le ventre;
— expirer en vidant totalement ses poumons pour expulser le maximum de gaz carbonique.

L'expiration est la phase la plus importante de l'acte respiratoire. C'est de sa plus ou moins grande intensité que dépend celle de la respiration qui va suivre.

La respiration abdominale relaxe et agit profondément sur la circulation du sang. Le diaphragme est comme un deuxième cœur: ces mouvements semblables à ceux d'un piston remplissent la base des poumons en y faisant affluer le sang veineux en grande quantité. De plus, par le rythme de son mouvement, il permet le massage délicat et efficace des organes abdominaux. Grâce à cet exercice, la respiration abdominale devient toujours plus ample et rythmée, même chez des personnes très tendues, par le décongestionnement produit sur le plexus solaire, plexus de l'anxiété.

La respiration claviculaire

Par ce type de respiration, l'air est envoyé dans la partie supérieure des poumons uniquement.

Elle se déroule de la façon suivante: la cage thoracique et l'abdomen sont maintenus immobiles; le seul mouvement des épaules et des clavicules permet la respiration. Il y a concentration sur la partie supérieure des poumons.

Cette façon de respirer est la plus mauvaise car elle ne permet l'oxygénation que d'une petite partie des poumons. Elle est généralement assez rapide et est due la plupart du temps au stress et à la tension nerveuse. Comme on retrouve ce type de respiration plutôt chez les femmes, on a longtemps supposé qu'elle était due au port vestimentaire de corsets, de gaines ou d'autres habits étroits longtemps imposés par la mode féminine. Aujourd'hui, le style vestimentaire a changé, les femmes portent souvent des vêtements amples et pourtant elles continuent de respirer ainsi. Cette explication n'était donc pas la bonne. On peut avancer l'hypothèse qu'en fait par la nature même des choses et ce depuis toujours évidemment une des fonctions du corps féminin était de porter la vie. Or au cours de la grossesse et particulièrement des derniers mois, la femme est obligée de pratiquer la respiration claviculaire puisque son utérus en se dilatant a envahi la cavité abdominale. Ce type de respiration est donc inscrit depuis toujours dans l'inconscient féminin.

La respiration thoracique

Cette respiration concerne la partie médiane des poumons. Elle se déroule ainsi :
— inspirer à fond en rentrant le ventre;
— expirer pour que les deux parties du thorax se rapprochent.

La respiration complète

La respiration complète réunit en un seul mouvement ample et harmonieux les trois méthodes de respiration. La meilleure façon d'arriver à la respiration complète est de s'entraîner tout d'abord avec les trois premières de façon à bien les maîtriser pour les réunir ensuite en une seule et même respiration. La meilleure position à adopter pour ce faire est d'être allongé sur le dos.
Quelles en sont les différentes phases?

Vider complètement ses poumons en contractant ses muscles abdominaux afin de chasser tout l'air. Lorsque la partie inférieure des poumons a fait ressortir le ventre, gonfler sans forcer le thorax.
Enfin, soulever les clavicules en aspirant avec la partie supérieure des poumons.
Pendant toute l'inspiration, l'air doit circuler silencieusement et régulièrement sans à-coups.
L'expiration se déroule de la même façon que l'inspiration, silencieusement et régulièrement.
A la fin de l'expiration, rentrer le ventre pour en expulser tout l'air.
La respiration idéale est lente, profonde, silencieuse, aisée. Une respiration lente et profonde décongestionne le foie puisque les poumons aspirent l'excès de sang qui s'y est accumulé. Elle favorise son afflux au ventricule droit du cœur.
L'expiration préalable à l'exercice sert à libérer complètement les poumons de l'air vicié qui pouvait s'y trouver.
Les femmes peuvent inverser l'ordre de respiration dans la respiration complète puisque par nature elles sont prédisposées à respirer par la partie supérieure des poumons (respiration claviculaire ou thoracique supérieure). Commencer par l'inspiration supérieure n'est pas une erreur. Elle est typiquement féminine et donne les mêmes résultats si elle est pratiquée avec autant de tranquillité et de façon aussi ample.
Pour vous aider à pratiquer la respiration complète, vous pouvez vous aider en vous représentant une bouteille que l'on vide tout d'abord de son eau sale et qui se remplit ensuite d'eau propre par le fond. Lorsqu'on réalise ces exercices de respiration, il faut bien faire attention au bruit de l'air qui va de la bouche à la trachée puis aux bronches et ensuite aux poumons.

Au début, vous n'entendrez pas grand-chose, mais peu à peu, avec un peu d'entraînement vous percevrez différents sons qui vous permettront de suivre le trajet de l'air à l'intérieur de votre corps.
Vous pouvez aussi prêter attention aux battements de votre cœur. Vous entendrez les bruits systoliques et diastoliques, votre cœur résonner dans la cage thoracique et votre sang parcourir vos artères. Cette écoute des bruits de votre corps vous deviendra très utile. Vous allez apprendre à le connaître, pour arriver par la suite à communiquer voire à communier avec lui.

La relaxation psychophysique

Avant de tenter de réaliser le moindre exercice d'auto-hypnose, il est indispensable de passer par la relaxation psychophysique. Un état de détente physique et de bien-être psychique est la condition sine qua non de toute réussite d'auto-hypnose.

L'absence de relaxation provoque, d'une façon générale, de nombreux troubles psychophysiques:

— agressivité, dépression;
— troubles cardiaques (palpitations, collapsus nerveux);
— troubles de la circulation (hypertension artérielle);
— troubles gastro-intestinaux (ulcère, colite, constipation, gastrites, diarrhées, dyspepsie);
— troubles du foie et de la vésicule;
— tensions, insomnie;
— troubles sexuels (impuissance, éjaculation précoce);
— troubles de l'appétit;
— difficultés de concentration;
— manque de mémoire;
— diminution des réflexes;
— altération du tonus nerveux des tissus;
— tensions musculaires, crampes;
— mal de tête;
— manque de souffle, asthme;
— diminution de l'acuité des sens;

— mauvais métabolisme (obésité);
— règles douloureuses;
— sensibilité accrue à la douleur;
— vieillissement précoce;
— prédispositions aux maladies cutanées;
— cauchemars;
— émission d'adrénaline et de noradrénaline.

L'anxiété crée la tension; la tension engendre l'instabilité qui donne naissance au mécontentement, lui-même à l'origine de l'anxiété. Il se forme ainsi un cercle vicieux duquel il est très difficile de sortir.

En revanche, la sérénité génère la tranquillité, source de bien-être, qui induit la joie, base de la paix intérieure.

C'est un autre cercle, mais celui-là est positif.

Par la relaxation, on peut atteindre cette chaîne de réactions positives qui permet à l'homme de profiter pleinement de sa vie.

La base de cette technique rejoint le training médical du Dr Voogt qui, en suivant de près ses patients, instaurait chez eux un état altéré de la conscience par la présence de phénomènes psychologiques et physiques.

En 1905, après le Dr Voogt, le Dr Schulz approfondit ces recherches et utilisa une méthode qui avait le même principe. Mais Schulz n'enseignait à ses patients que la technique de base, leur laissant le soin de mettre en pratique eux-mêmes les méthodes décrites.

Cette fameuse méthode est appelée "training autogène".

Le but de l'exercice est d'atteindre une tranquillité et une détente complètes.

Les avantages de la relaxation sont une amélioration du métabolisme, une moindre anxiété, une stabilisation cardiaque et respiratoire, une augmentation de la rapidité des réflexes, de la concentration, de la facilité d'apprentissage... une plus grande harmonie entre le corps et l'esprit.

Pour réaliser les exercices dans les meilleures conditions possibles, il faut choisir un cadre tranquille et familier. Il est préférable de les réaliser toujours dans la même pièce de façon à imprégner l'espace de notre essence psychique. De plus, le fait de se trouver toujours au même endroit permet au patient de se sentir rapidement sécurisé.
Il ne faut pas être pressé: avoir la notion du temps qui s'écoule pendant la séance de relaxation est contraire au principe de base. Si vous manquez de temps, mieux vaut reporter la séance que de la bâcler. Le silence est de rigueur. Même les plus petits bruits sont perturbateurs. Pour les couvrir, vous pouvez décider de diffuser une petite musique en sourdine. De préférence, choisissez de la musique classique et douce. La luminosité ne doit pas être violente et la couleur d'ambiance sera si possible le bleu, puisque cette couleur favorise la relaxation et le sommeil. De plus, elle stimule l'émission des ondes alpha de l'écorce cérébrale. Ces ondes sont émises naturellement juste avant le sommeil au moment où votre corps arrive à une complète relaxation.
On peut également parfumer la pièce avec de l'encens, du musc, du santal ou tout autre parfum que vous appréciez. Le parfum permet la dilatation de l'esprit et l'aboutissement à l'extase spirituelle. C'est d'ailleurs pour cette raison qu'il est utilisé dans toutes les religions, orientales ou occidentales.
Le soir et le matin sont les meilleurs moments pour réaliser ces exercices qui doivent être réalisés à jeun ou éloignés des repas. Ces repas doivent quant à eux être légers et si possible végétariens de façon que la digestion n'interfère pas négativement.
Portez des vêtements pratiques. Pas de robes étroites, de jupes qui serrent. Dénouez votre cravate, ouvrez le col de votre chemise, etc.
L'idéal est de faire l'exercice pieds nus ou du moins de retirer ses chaussures, directement par terre, sur le tapis ou la

moquette afin que l'énergie accumulée se décharge sur le sol. Si vous devez garder vos chaussures, n'ayez pas de semelles de crêpe ou de caoutchouc qui empêchent le passage de l'énergie. Allongez-vous sur le dos et si c'est sur un lit, il ne doit être ni trop moelleux, ni trop dur. L'oreiller doit être placé assez bas. Allongez les bras le long du corps, coudes pliés et mains relâchées. Les jambes seront écartées légèrement et les pieds tournés vers l'extérieur.

Si vous voulez être dans l'axe du magnétisme terrestre, votre tête sera dirigée vers le nord et vos pieds vers le sud. Mais ce n'est pas obligatoire.

Voici un autre exercice qui se fait assis dans un fauteuil confortable, muni de bras et d'un appui-tête. Les pieds touchent le sol, les genoux sont légèrement écartés, les bras reposent sur ceux du fauteuil, et les mains pendent. Il ne doit exister aucune tension musculaire, ni aux jambes, ni aux bras. Pour que les muscles de votre cou ne soient pas contractés, effectuez quelques petits mouvements avec la tête pour trouver la bonne position. Pour être dans l'axe du magnétisme terrestre, votre visage devra être tourné vers le nord. Si au cours de la relaxation, vous avez envie d'éternuer, de tousser ou de vous gratter, faites-le sans réticence, car sinon votre attention sera uniquement concentrée sur la gêne occasionnée. N'hésitez donc pas à satisfaire tout besoin physiologique si l'envie vous en prenait.

Au début de l'exercice la respiration est très importante, elle doit être forcée. Il faut inspirer lentement par le nez de telle sorte que l'air passant par les fosses nasales, riches en capillaires, arrive déjà chaud dans les poumons. On retient ensuite son souffle pendant deux ou trois secondes et enfin on expire en essayant de rejeter le maximum d'air.

L'air doit être expiré par la bouche, les lèvres arrondies en soufflant comme pour éteindre une chandelle ou refroidir sa soupe.

Les exercices peuvent alors commencer. La relaxation, seule, permet déjà un traitement de ces nombreux maux qui dérangent toujours davantage de personnes et qui sont dus à notre façon de vivre frénétique, très stressante, riche d'émotions et d'anxiété.

Les maladies des nerfs sont en continuelle augmentation; on entend de plus en plus parler de névroses, de troubles psychophysiques, de dépressions, d'anxiété, de stress, etc.

Le meilleur moyen pour soigner ces maladies consiste justement à mener une vie calme, tranquille et détendue.

Un muscle contracté provoque une fatigue physique apparemment inexplicable. Combien de fois, au terme d'une journée, vous sentez-vous fatigué alors que vous ne trouvez pas le motif de cette fatigue dans le travail fait. Vous êtes peut-être resté toute la journée assis dans un fauteuil, à regarder la télévision et pourtant certains soirs vous êtes plus fatigué que lorsque vous avez une activité physique importante. On peut toujours expliquer cette fatigue: peut-être avez-vous été tendu pendant plusieurs heures, conduit votre voiture en serrant très fort le volant, été assis inconfortablement avec les fesses serrées, avez-vous froncé longtemps les sourcils, etc.

Par la relaxation, on peut éliminer 30% de la douleur physique lorsqu'elle est due à des maladies physiologiques; par contre on peut l'éliminer totalement lorsqu'elle est d'origine psychique comme cela arrive bien souvent.

L'anxiété augmente les battements du cœur avec des risques de tachycardies; on peut même arriver parfois à des infarctus psychiques qui peuvent causer la mort.

Une sécrétion irrégulière des sucs gastriques, même en dehors des repas, provoque des ulcères à l'estomac et au duodénum.

Les glandes surrénales sécrètent plus d'adrénaline, ce qui augmente le rythme des pulsations cardiaques et par conséquent la tension artérielle, prédisposant ainsi aux infarctus.

L'adrénaline est un puissant stimulant; on l'appelle l'hormone de l'état d'urgence. Elle permet à l'organisme d'affronter des moments difficiles comme par exemple un effort indispensable, une lutte, éviter un danger immédiat. Il y a stimulation du cœur, de tous les autres muscles, et sécrétion de glucose par le foie. En cas de danger la sécrétion augmente de 40%. La sécrétion d'adrénaline devrait être limitée aux moments critiques mais le stress, les émotions, la colère en augmentent la quantité.

L'individu tendu vit constamment en état d'alerte, ce qui est anormal et dangereux pour son organisme.

Vivre dans le calme et la détente veut dire vivre en bonne santé puisque la santé du corps dépend de la santé de l'esprit.

C'est en pratiquant avec constance et application les techniques de relaxation qu'on pourra éliminer une bonne partie de ses troubles. L'important n'est pas de regarder le sommet d'une montagne qui vous semble inaccessible, mais de s'engager sur le chemin qui vous mènera à la cime.

C'est en s'appliquant que chacun ressentira des changements, grands ou petits, qui élimineront de nombreux troubles même physiologiques.

Pendant la relaxation, vous ressentirez différentes sensations physiques: impression de détente, de bien-être, inconscience physique; vous ignorerez où vous êtes, vous aurez l'impression de sentir votre corps lourd et détendu, vous aurez des fourmillements, verrez des images différentes de celles que vous voyez d'habitude. Ce sont toutes des impressions agréables; prenez-en note à la fin de chaque exercice afin d'évaluer le degré de relaxation atteint.

A ce propos je vous conseille de noter sur un journal les impressions ressenties lors des séances de relaxation, que vous pourrez ainsi confronter, évaluer, pour déterminer les progrès réalisés.

Je vous conseille aussi de faire au moins un exercice par

jour pendant au minimum 15 minutes; vous constaterez des résultats dès les premières séances.
Physiquement les sensations sont différentes: tension, mains moites, bien-être et capacité d'observation pour arriver ensuite au repos. Avec le début de la relaxation augmentent le calme et la tranquillité.
Sur le plan mental, on passe de la conscience active avec des idées claires et normales aux idées agréables qui surgissent spontanément. Par la suite les idées deviennent moins actives. Par l'augmentation de la sensibilité, on a l'impression de somnoler.
Parfois tout de suite après l'exercice, on peut ressentir des vertiges et des étourdissements, d'autres fois, on n'a pas envie de se réveiller ni d'interrompre l'exercice.
Pendant la relaxation profonde, il y a automatiquement un état altéré de conscience, pendant lequel les sens restent toujours actifs, tandis que l'esprit accède à une autre dimension où toutes ses attitudes sont mises en valeur.
Pendant la relaxation profonde, la sensibilité est accrue et avec la pensée, on réussit à créer de véritables modifications physiologiques.
Le calme et le bien-être poussent l'organisme à sécréter des substances endogènes qui engendrent des changements physiologiques. Chaque fois qu'on fait un exercice, on apprend quelque chose qu'on n'oublie plus.
La relaxation agit également sur l'esprit: vous vous rendez compte que vous êtes plus souvent de bonne humeur, que vous êtes sympathique à un très grand nombre de personnes. C'est comme si tout avait changé autour de vous; mais le changement n'a eu lieu qu'en vous grâce à ces exercices qui vous ont permis d'atteindre des palliers jusqu'alors inconnus. La dilatation de l'esprit favorise la réceptivité de la pensée. Fréquemment, pendant les exercices, vous vous apercevez que vous possédez des facultés paranormales com-

me par exemple la télépathie et la voyance. Il faut dans ce cas approfondir la recherche.

L'exploitation des facultés paranormales qui sont latentes en nous peut être facilitée justement par cet état altéré de conscience que l'on obtient par la relaxation profonde.

Un autre facteur important est l'emploi de la conscience passive, c'est-à-dire que vous êtes le témoin de réactions et de pensées que vous ne devez pas chercher à analyser, mais que vous ne devez pas refouler.

En vous abandonnant à la conscience passive, vous devenez l'élément de base. Si, par exemple, vous écoutez une symphonie de façon passive, vous devenez vous-même la musique et les sons.

Pour les exercices d'auto-relaxation, on emploie des images et on fait en sorte que l'esprit suive certaines images et certaines formules choisies à bon escient.

L'idéal serait de faire le vide, de ne plus penser, mais ceci n'est pas possible. On ne peut pas ne pas penser pendant un certain temps; déjà le fait de penser ne pas penser est penser.

Il est indispensable donc d'avoir des petits trucs. On pense à quelque chose qui, naturellement, relaxe et détend afin d'obtenir le calme et la sérénité.

Vous trouverez de nombreux exercices pratiques, mais c'est à vous de choisir celui que vous jugerez le meilleur, celui qui vous aura apporté la meilleure relaxation; celui, en bref, qui vous plaît le plus.

Chaque suggestion, chaque concept formulés dans les exercices doivent être complètement acceptés si on veut obtenir des résultats. D'autres fois, on utilisera des symboles et des formes géométriques, et leur message sera aussi bon.

Le symbole porte l'esprit à des souvenirs refoulés dans l'inconscient, aux premiers souvenirs, aux archétypes de l'humanité toute entière.

Relaxation par la rose

Sur un fond blanc, par exemple un panneau ou un drap, visualisez une rose rouge encore en bouton. Ce bouton de rose, rouge vif, est placé au centre de l'écran. Maintenant les pétales extérieurs commencent à s'épanouir, lentement et avec beaucoup de grâce. Peu à peu, vos muscles commencent à se détendre. A chaque pétale ouvert, un muscle de votre corps se détend complètement.
Les muscles du cou et du dos se détendent en premier. Voici qu'une autre corolle de pétales s'ouvre doucement et les muscles des bras deviennent toujours plus lourds et complètement détendus. Une autre corolle de pétales rouges se déploie et les muscles du ventre et du bassin se relâchent. D'autres pétales, d'un beau rouge vif s'ouvrent doucement, lentement et c'est au tour des muscles des jambes et des pieds (on peut diviser le corps en zones musculaires plus petites). Maintenant le bouton de rose est totalement épanoui et vos muscles sont complètement détendus.
Le corps est relaxé et un agréable bien-être envahit votre esprit. Vous êtes tranquille, serein, vous vous sentez bien, totalement détendu.

Relaxation par la plume

Imaginez une belle plume bleue de la grandeur de votre main. Cette plume est au-dessus de vous, elle descend en voltigeant lentement dans l'air, légère, bercée par le vent. Au fur et à mesure qu'elle descend vos muscles se détendent. Elle s'approche toujours davantage du sol; plus la plume descend plus votre relaxation s'accentue. Quand la plume touchera le sol, tous vos muscles seront détendus.
Elle descend encore lentement, délicatement, fait des ara-

besques dans l'air, votre relaxation devient totale. Tous vos muscles se relâchent.
Voilà, elle vient de toucher terre et vous avez atteint un stade de profonde relaxation. Vous êtes tranquille, infiniment bien; vous êtes parfaitement détendu.

Relaxation par la vague

Représentez-vous une vague bleue; cette vague part de votre tête, à peine plus haut, et descend doucement le long de votre corps, arrive jusqu'à vos pieds et continue à peine plus loin. Elle recommence à nouveau, de la tête jusqu'aux pieds, continuellement sans s'interrompre. Au fur et à mesure que cette vague bleue glisse le long de votre corps, de haut en bas, vos muscles se détendent toujours davantage. Plus la vague passe sur votre corps et plus vos muscles se détendent; vous les sentez devenir agréablement lourds. C'est une vague légère, écumeuse, d'un beau bleu intense, elle apporte sérénité, calme, tranquillité et bien-être.
La vague descend encore à travers votre corps, vos muscles se détendent complètement; tout votre corps est agréablement lourd et complètement détendu. (Se le répéter plusieurs fois jusqu'à obtenir l'effet désiré).

Relaxation par le rayon

Visualisez un rayon bleu qui tourne autour de votre corps en l'enfermant à peine. Ce rayon d'un beau bleu effleure légèrement votre corps. Il tourne lentement, dans le sens des aiguilles d'une montre. Il part à peine plus haut que la tête, enferme votre corps. Il descend jusqu'aux pieds et poursuit un peu plus loin. Ce rayon bleu tournoie lentement et arri-

ve de nouveau à la tête, il redescend lentement encore une fois. Il est semblable à un fil de laine bleue, à un ruban coloré, qui entoure tout le corps. Au fur et à mesure que ce rayon tournoie, votre relaxation devient toujours plus grande.
A chaque tour, vos muscles se détendent toujours davantage, vous vous sentez calme, détendu, parfaitement bien (continuer jusqu'à atteindre la relaxation idéale).
Cette méthode a l'avantage de vous isoler complètement, de vous protéger des influences négatives.

Relaxation par le cercle

Fermez les yeux et respirez profondément. Imaginez maintenant un cercle d'un bleu intense. Il est juste au-dessus de vous à peine plus haut que votre tête. Ce cercle commence à tourner dans le sens des aiguilles d'une montre et doucement descend sur vous. Vous êtes au milieu de ce cercle qui continue à tourner et à descendre vers le sol.
Tandis qu'il descend, les muscles de votre corps se détendent toujours davantage. Il arrive maintenant au niveau du cou et tous les muscles du cou sont détendus. Il descend encore lentement, arrive aux épaules, aux bras, au thorax; tous vos muscles se détendent complètement. Il arrive sur le bassin; maintenant tous les muscles de la partie supérieure du corps sont complètement détendus.
Ce cercle bleu continue à descendre vers le sol en tournant dans le sens des aiguilles d'une montre. Quand il aura touché terre tout votre corps sera parfaitement détendu. Le cercle continue à descendre: il atteint vos jambes et tous vos muscles se détendent complètement. Il descend encore, toujours plus bas, il arrive à vos pieds, encore plus loin,

voici qu'il touche terre. Maintenant tous vos muscles sont détendus: vous vous sentez parfaitement bien, vous êtes calme, vous éprouvez une sensation de bien-être et de tranquillité absolue. Vous pouvez jouir longtemps de cette très belle sensation qui envahit votre corps et du plaisir de la relaxation totale.

Relaxation de la chaise à bascule

Imaginez que vous êtes dans une chambre confortable et accueillante. C'est un lieu où vous êtes parfaitement à votre aise. Visualisez maintenant, sur un mur de la chambre, une cheminée où brûle un beau feu qui emplit la chambre d'une douce chaleur. La chambre est éclairée par une faible lumière bleue; devant vous, vous voyez maintenant une chaise à bascule très confortable. Vous vous asseyez sur cette chaise et vous laissez aller totalement.

Vous commencez à vous balancer et vous vous sentez parfaitement à votre aise. La chaise se balance doucement; aucune pensée ne réussit à vous troubler.

Tandis que la chaise continue à se balancer, vous vous sentez toujours plus calme, plus tranquille, plus détendu. A chaque oscillation, votre corps se détend toujours plus, tous vos muscles se relâchent complètement et vous éprouvez une formidable sensation de paix, de tranquillité et de bien-être.

Maintenant le mouvement de la chaise diminue doucement et au fur et à mesure que le balancement se ralentit, vous arrivez à la relaxation complète. Maintenant la chaise s'arrête; elle est totalement immobile et votre relaxation est complète: vous vous sentez parfaitement bien, vous êtes serein, tranquille et il n'y a absolument rien qui vous trouble.

Relaxation du pendule

Représentez-vous un fond complètement noir, placé devant vous. Au centre de ce fond complètement noir, posez mentalement un saphir pendu à un fil vert. Vous réussissez très bien à voir ce fil vert avec ce très beau saphir bleu et étincelant. Le saphir dégage une douce lumière bleue qui brille dans vos yeux, et emplit votre esprit de paix et de tranquillité.

Le pendule commence maintenant à osciller, lentement, il oscille avec calme, vous suivez du regard son mouvement qui devient plus ample; à chaque oscillation, son balancement devient plus ample. Vous continuez à fixer ce très beau saphir bleu pendu au fil vert. Au fur et à mesure que les mouvements se font plus amples, une sensation de calme, de sérénité descend en vous, vous êtes complètement détendu et un agréable engourdissement envahit vos membres. Maintenant, le pendule oscille avec des mouvements toujours moins amples, toujours plus lents, il ralentit toujours plus; il commence à s'arrêter, voilà, maintenant le pendule est complètement immobile et vous êtes parfaitement bien, vous êtes totalement détendu.

Relaxation par le livre

Imaginez un panneau complètement blanc. Ce panneau s'agrandit jusqu'à recouvrir tout votre espace visuel. Au centre de ce fond totalement blanc, il y a un gros livre bleu. Portez votre attention sur la couverture du livre : vous voyez son titre inscrit en grosses lettres dorées.

Vous lisez : TRANQUILLITE. Ouvrez maintenant doucement ce livre; toutes les pages sont d'un beau bleu ciel. Sur la première page, vous lisez, écrit en grosses lettres dorées:

je suis totalement calme. Vous réussissez à lire clairement cette phrase qui pénètre votre esprit; celui-ci l'assimile et vous en ressentez immédiatement l'effet. Vous tournez la page et lisez une autre phrase toujours en grosses lettres dorées : *je suis en train de me détendre toujours plus.* Cette phrase pénètre également dans votre esprit. Vous tournez encore une page et vous lisez : *je suis complètement détendu et je suis parfaitement bien.* Vous tournez encore une page bleue et vous lisez: *je viens d'atteindre un état profond de relaxation.* Cette phrase vous pénètre également, vous êtes calme et complètement détendu.
Vous vous sentez parfaitement à votre aise, parfaitement bien. C'est une très agréable sensation de tranquillité que vous pouvez prolonger selon votre gré.

RELAXATION - RESUME

— *Ne jamais être pressé*, il faut prévoir le temps nécessaire à la séance, et même un peu plus.
— *Satisfaire ses besoins physiologiques*, si cela est nécessaire.
— *Solitude et silence* dans la chambre.
— *Une petite musique en sourdine* (facultatif).
— *Température ambiante* de la pièce tempérée.
— *Heures préférables* : le soir, le matin tôt, loin des repas.
— *Repas légers*, si possible végétariens.
— *Vêtements souples*, pas de chaussures et en tout cas pas de semelles de caoutchouc.
— *La pièce doit être toujours la même*, le fauteuil et le lit aussi.
— *Parfumer la chambre* des senteurs préférées (facultatif).
— *Lumière bleue* ou de toute façon très douce (facultatif).
— *Position* : être allongé sur le dos ou se sentir à l'aise de

quelque manière que ce soit, spécialement la tête, le cou, les épaules.

— *Jambes écartées*, pieds vers l'extérieur, bras et doigts légèrement fléchis.
— *Tête au nord* (ou visage face nord), pieds au sud (facultatif).
— *Yeux fermés*, paupières détendues, ou fixer un point.
— *Respiration profonde*: inspiration nasale, expiration buccale.
— *Durée*: 15 mn au moins une fois par jour, deux si possible.

Les aptitudes

Les sujets particulièrement aptes à l'auto-hypnose sont ceux qui présentent les caractéristiques suivantes:

— aiment lire les romans d'aventure et de science-fiction plus particulièrement;
— apprécient l'art, surtout la peinture et la musique classique;
— sont attirés par les couleurs vives et les lieux lumineux;
— ont une foi religieuse, croient en l'au-delà, en une justice divine;
— se mêlent facilement aux discussions, ou tout au contraire sont timides et ont peur d'affronter autrui;
— se laissent parfois influencer surtout par ceux qu'ils jugent supérieurs;
— aiment voyager ou voudraient le faire;
— ont de l'imagination et beaucoup de mémoire visuelle;
— réussissent à rêver les yeux ouverts; ont des moments d'absence;
— préfèrent ne pas sortir seuls, apprécient la société;
— se font du souci sans motif valable;
— s'énervent facilement;
— sont très dynamiques;
— attirent l'attention sur eux;
— ont des phobies;
— présentent un complexe d'infériorité;

— aiment vivre à la campagne et avoir un contact avec la nature.

La personne qui présente toutes ces caractéristiques est la plus apte à l'auto-hypnose. Celle qui ne se retrouve que dans 50% de ces caractéristiques présente de très bonnes dispositions. Mais avec seulement 30%, cela devient plus difficile. Si vous êtes dans ce dernier cas, je vous conseille de ne pas vous décourager, car tout d'abord il y a toujours des exceptions, et ensuite il est difficile de se juger soi-même et votre auto-appréciation peut être partiellement erronée.

Tests d'auto-suggestibilité

Il existe des exercices, des tests, que l'on est obligé de faire avant de passer aux exercices, et qui permettent de mesurer le niveau d'autosuggestion. C'est justement à partir de cette recherche que l'on atteint l'auto-contrôle, l'auto-hypnose, et la connaissance du subconscient qui amènera à l'inconscient personnel, ce grand et inestimable trésor. Le milieu ambiant doit être silencieux et la lumière douce, l'idéal est une lumière bleue.

Il faut parler à la deuxième personne, ce qui donne l'impression que c'est quelqu'un d'autre qui parle (les suggestions sont acceptées plus facilement). Ainsi, au lieu de dire mentalement *je me détends de plus en plus*, on dira *vous vous détendez toujours plus.* Vous aurez l'impression qu'une autre personne est en train de vous guider. En fait, c'est exactement ce qui se passe car chacun de nous a en soi son maître; mais il est difficile de prendre conscience de cela.

Dorénavant, vous utiliserez toujours ce type de langage et adopterez toujours les répétitions.

Pour accepter une idée, le subconscient et l'inconscient doivent être "mitraillés" par cette idée, et les répétitions ancrent toujours plus à fond le concept à imaginer dans votre esprit. Une suggestion doit être répétée au moins trois fois, mais c'est mieux si on le fait 6 ou 7 fois.

Les suggestions seront émaillées d'adjectifs nombreux et très variés pour que l'information soit la plus riche possible.
Prenons un exemple pratique: On peut dire: "cueillez une rose", mais aussi "cueillez avec plaisir une rose rouge délicatement parfumée". Dans la deuxième phrase, une émotion agréable passe en plus de l'information elle-même. On fait ainsi plus appel à l'imagination en faisant comprendre que la rose était rouge (les roses peuvent être de différentes couleurs), qu'elle sentait bon (toutes les roses n'ont pas de parfum), et qu'on a été heureux de la cueillir.
Ce type de langage est donc plus riche en information. Je vous conseille de prendre l'habitude de l'utiliser même dans la vie de tous les jours car, hormis le fait qu'il vous permettra de vous entraîner pour les séances d'auto-hypnose, il rend votre discours plus agréable pour votre interlocuteur qui vous comprend mieux. La communication est ainsi facilitée.
Comme je l'ai déjà dit, pensez à noter dans un journal tous les exercices effectués ainsi que les sensations ressenties et les observations que vous aurez envie de faire sur ces réactions.

Chute en arrière

Par ce test très simple, on peut obtenir de nombreuses informations. Il faut donc prêter attention à cette première phase, qui est très importante.
Celui qui réussit brillamment ce premier test a en mains les atouts nécessaires pour poursuivre avec succès les exercices d'auto-hypnose.
Cet exercice ne doit pas être fait par des personnes qui ont des difficultés à se tenir debout.

Préliminaires

— Les femmes doivent enlever leurs chaussures à talon et peuvent utiliser une natte ou un petit tapis pour ne pas sentir le froid qui viendrait d'un sol en céramique ou en marbre.

— Ne pas se mettre face à une source de lumière car, même avc les yeux fermés, les pupilles perçoivent la lumière qui peut être gênante.

— Se placer à environ 30 cm d'un mur sans cadres ni saillies qui pourraient vous faire mal lorsque vous toucherez le mur.

— Bien serrer les pieds en joignant pointes et talons.

— Lever la tête afin qu'elle soit un peu en arrière.

— Fermer les yeux sans faire le moindre effort des paupières.

— Il faut, toujours avec les yeux fermés, fixer mentalement un point situé à un centimètre au-dessus des paupières de telle sorte que les yeux regardent en haut. Ceci est leur position naturelle chaque fois que nous dormons. Cette attitude conduit déjà à la relaxation et permet à l'écorce cérébrale de rejoindre l'état alpha (l'état alpha se manifeste chaque fois que le cerveau dégage une certaine radiation qui est présente pendant la somnolence, la méditation, ou l'auto-hypnose).

Lorsqu'on agit sur les yeux, on a une réaction appelée "réflexe bulbo-oculaire-cardiaque".

Il a été scientifiquement prouvé que le cœur est naturellement lié aux globes oculaires. Ainsi, une légère pression des doigts sur les yeux fermés ralentit les battements du cœur tout spécialement chez ceux qui sont en état de stress, d'anxiété ou d'émotivité.

— Respirer profondément pendant quelques minutes: inspirer par le nez, retenir le souffle pendant quelques secondes, et expirer par la bouche. En même temps, imaginer que les muscles du corps se détendent et répéter mentalement une phrase de ce type: "Respiration après respiration, les muscles de votre corps se détendent toujours davantage".

C'est alors que commencent les suggestions et l'exercice proprement dit *Phase active du test.*

Il existe différentes méthodes, nous en analyserons deux. La première consiste à compter dans sa tête après des suggestions de ce genre: "Maintenant, comptez jusqu'à cinq; à cinq, vous vous sentirez tiré en arrière, attiré par le mur. Un, deux, trois, quatre, cinq". Le numéro choisi (ici, le cinq) doit être toujours impair, car les nombres impairs correspondent à un aboutissement, une conclusion, alors que les nombres pairs symbolisent une attente, une pause, quelque chose d'inachevé. Le chiffre dix fait exception puisque bien qu'étant pair, il symbolise une conclusion car il est le représentant de la dizaine. Rappelez-vous que les chiffres tout autant que les lettres vous permettent de communiquer avec autrui. L'archétype collectif veut que les nombres impairs aient une valeur de perfectionnement, soient de polarité masculine et par conséquent positive.

Il est important de ne rien changer à la procédure à suivre, car tout ce qui a trait aux symboles fait partie de notre inconscient collectif et si par incrédulité ou par négligence, ces procédures étaient modifiées, il n'y aurait plus d'action inconsciente, si importante dans notre cas.

Prononcez mentalement les chiffres, comme s'ils étaient rythmés par un métronome. Soyez sûr de vous et respectez des intervalles réguliers. Avant le dernier chiffre, doublez le temps de pause.

Le dernier chiffre doit être énoncé mentalement avec plus de force, comme un ordre donné à l'impératif. Ce type de dynamique fait que se crée dans l'inconscient une attente (par l'intervalle de temps plus long) qui le charge d'énergie

suggestive. Ainsi, lorsqu'arrive l'ordre final, le dernier numéro, il se fait comme un déclic qui restitue l'accumulation d'énergie et permet l'action finale qui, dans ce cas, est la poussée vers le mur.
Le chiffre final à choisir est totalement suggestif; l'essentiel est qu'il soit impair et de préférence inférieur à la dizaine.
Maintenant, tout s'est déroulé comme prévu, vous vous sentez attiré par le mur qui est derrière vous, comme si une force mystérieuse agissait en vous.
Après vous être laissé tomber à la renverse, et appuyé votre dos au mur, vous ouvrez les yeux. Vous avez réussi le premier test d'autosuggestion. Il vous faut maintenant analyser le résultat obtenu et les sensations éprouvées. Vous bénéficierez ainsi d'indications utiles qui vous serviront à aller plus avant dans l'auto-hypnose. Vous apprendrez à vous connaître vous-même de mieux en mieux et découvrirez des aspects de votre personnalité que vous ignoriez.

Analyse du test

— Si, alors que vous êtes en train de tomber en arrière, vous faites un petit pas en arrière, cela signifie que vous n'avez toujours pas confiance en vous. Les obstacles vous effraient. Vous avez peu d'estime pour vous, des complexes qui freinent vos choix; vous avez peur de vous mesurer à autrui.
— Si vous vous étiez préalablement placé très près du mur, l'analyse précédente est encore plus marquée: vous ne vous sentez pas en sécurité et vous avez peur des chocs physiques.
— Si vous vous êtes placé très loin du mur, cela signifie que vous êtes intrépide, courageux, peut-être même un peu imprudent.
— Si vous avez basculé avant de finir de compter, cela

veut dire que vous êtes particulièrement influençable, vous êtes un bon sujet pour l'auto-hypnose.

— Si vous ne ressentez aucune attraction spécifique, mais qu'au dernier chiffre vous tombez à la renverse, cela signifie que vous faites partie de ceux qui accumulent de l'énergie et la libèrent d'un seul coup. Vous êtes impulsif, faussement sécurisé et avez une haute opinion de vous. Vous êtes cependant un bon sujet pour l'auto-hypnose.

— Si vous vous sentez tiré en arrière, que vous oscillez mais que vous ne tombez pas, on peut dire que vous êtes sujet à un blocage, à une phobie ou bien encore que vous ne croyez pas vraiment à l'auto-hypnose. Dans ce cas, relisez les premiers chapitres de ce livre et réfléchissez sur ce que vous voulez obtenir par ces exercices de suggestion.

Parfois, vous pouvez craindre de heurter votre tête contre le mur. Si c'est le cas, faites plusieurs essais avec les yeux ouverts. Laissez-vous tomber en arrière et vous remarquerez qu'instinctivement vous adoptez une position telle que ce sera toujours votre dos qui heurtera le mur. Refaites l'exercice jusqu'à ce que vous ayez vaincu cette crainte de tomber et de vous faire mal.

— Si, enfin, vous ne ressentez rien, que vous n'oscillez même pas et que par conséquent vous ne tombez pas en arrière, c'est que vous n'avez pas suivi à la lettre les indications qui vous ont été données ou encore que vous ne croyez pas du tout que votre inconscient puisse réagir à l'auto-hypnose. Cela peut aussi signifier que vous n'avez pas bien compris ce qui a été écrit dans les pages précédentes.

Intéressons-nous maintenant à la deuxième méthode. Le compte est ici remplacé par des suggestions.

Après vous être placé à l'extrémité d'un mur, fermez les

yeux, respirez profondément, comme dans la première méthode, et faites-vous mentalement les suggestions suivantes: "Vous tombez en arrière, vous tombez en arrière... (à répéter plusieurs fois), vous vous sentez toujours plus attiré par ce mur, toujours plus, toujours plus..." Continuez jusqu'à obtenir l'effet recherché.

Après l'exercice, analysez les réactions obtenues. Ces sensations peuvent être par exemple:

— une température du corps plus élevée (sensation de chaleur);
— respiration calme et lente;
— mains moites, une légère transpiration est positive mais une trop grande transpiration est un signe d'anxiété;
— impression de paix, de tranquillité.

Analysez les idées qui vous viennent à l'esprit tout de suite après le test. Si elles sont agréables et claires, c'est positif.

Blocage oculaire

Ce test est à exécuter après celui de la chute en arrière, sauf pour les personnes qui ont des difficultés à se tenir debout. Dans ce cas, elles passent directement à ce deuxième exercice.

Le blocage oculaire est dû uniquement aux suggestions, il n'y a aucune réaction cellulaire des fibres.

Les paupières sont hermétiquement closes jusqu'à ce que par suggestions le patient réussisse à ouvrir les yeux. Si vous réussissez ce test, vous serez dans un état hypnoïde qui est un des premiers niveaux de l'état altéré de conscience, caractéristique de l'hypnose.

Faites ce test, allongé ou assis, de façon que vous soyez par la suite dans une bonne position pour continuer les exercices. Le fauteuil sera confortable, avec bras et appui-tête.

Pas de bruit et une lumière douce. Asseyez-vous confortablement, ne croisez pas les jambes. Appuyez la tête à l'appui-tête. Fermez les yeux et respirez profondément comme vous avez appris à le faire lors des exercices précédents.
Portez toute votre attention sur vos yeux, et plus particulièrement sur vos paupières. Mentalement suggérez-vous des phrases de ce type: "A partir de maintenant, les paupières de vos yeux deviennent lourdes, lourdes, toujours plus lourdes. Dans quelques instants vous essaierez d'ouvrir les yeux mais vous n'y arriverez pas parce que vos paupières sont si lourdes... Vous ne pourrez les ouvrir que lorsque je vous en donnerai l'ordre".
Prolongez la durée de ces suggestions en fonction des sensations que vous ressentez. Si en essayant d'ouvrir les yeux, vous n'y arrivez pas, c'est que vous avez réussi ce test. Pour ouvrir les yeux, faites-vous alors la suggestion suivante: "Vous allez comptez calmement jusqu'à cinq puis vous ouvrirez les yeux sans problème".
On peut apporter diverses variantes à cet exercice. Voyons-en quelques-unes:

— au lieu de fermer tout de suite les yeux, vous pouvez battre lentement des paupières tout en vous faisant la suggestion qu'elles sont lourdes, de plus en plus lourdes et que dans quelques instants elle seront si pesantes que vous ne pourrez plus les soulever et que vos yeux se fermeront complètement. Continuez jusqu'à obtenir l'effet recherché;
— on peut également utiliser la fixation oculaire. Placez le fauteuil devant le mur de façon que votre visage soit à 30 ou 40 cm de ce mur. Relaxez-vous, puis fixez un point sur ce mur, un peu plus haut que la hauteur des yeux. Faites-vous alors les suggestions suivantes: "Les paupières de vos yeux s'alourdissent de plus en plus, vous n'arrivez plus à garder les yeux ouverts, dans quel-

ques instants vos paupières seront tellement lourdes que vos yeux se fermeront et que vous ne pourrez plus arriver à les ouvrir. Vous garderez les yeux clos et vos paupières ne seront pas crispées". Répétez mentalement ces suggestions jusqu'à ce que vos yeux se ferment;
— vous pouvez aussi utiliser une chandelle que vous placerez sur une table face à vous et dont vous fixerez la flamme qui doit être un tout petit peu plus haute que la ligne de vos yeux. Procédez de la même façon que dans la méthode précédente.

Après l'expérience du blocage oculaire, vous pouvez enchaîner avec d'autres exercices hypnotiques ou bien ouvrir les yeux et terminer ainsi l'expérience.

Pour ouvrir les yeux, il vous suffira de penser mentalement: "Maintenant, vous allez compter jusqu'à dix et à dix vous ouvrirez les yeux, vous serez parfaitement calme, détendu, paisible".

Après cet exercice, faites attention comme d'habitude aux sensations ressenties, et notez-les dans votre journal. Rappelez-vous également de toujours dater vos notes.

Sensations généralement ressenties après l'exercice:

— pensées positives;
— muscles profondément détendus;
— envie de rester encore assis;
— conscience passive;
— impression de joie et de plaisir;
— résolution de recommencer l'exercice.

Approfondissement

Nous allons voir maintenant les méthodes d'approfondissement du sommeil hypnotique. Elles ne peuvent toutefois être pratiquées qu'après avoir réussi tous les tests de préparation, c'est-à-dire la chute en arrière ainsi que le blocage oculaire.
Après le blocage oculaire, au lieu de compter et d'ouvrir les yeux, on peut passer immédiatement à l'approfondissement de l'état altéré de conscience, et rejoindre ainsi un niveau de l'inconscient situé en profondeur.

Union des doigts (premier approfondissement)

Portez votre attention sur la main droite (pour les gauchers, la main gauche) et plus précisément sur le pouce et l'index.
Mentalement, donnez-vous les suggestions appropriées, faites toujours comme si une autre personne vous parlait. "Le pouce et l'index de votre main tendent à se rapprocher, ils se rapprochent toujours plus, lentement vos doigts bougent et se rapprochent; lorsque les extrémités des doigts se toucheront, vous serez en relaxation profonde, très profonde, comme si vous alliez vous endormir agréablement. Très bien, vos doigts se rapprochent toujours davantage et votre

relaxation est toujours plus profonde, (continuez les suggestions jusqu'à ce que vos doigts se touchent). Voilà maintenant le pouce et l'index sont réunis, et vous êtes en état de profonde relaxation, très profonde (répétez l'exercice quatre ou cinq fois).

Sensations positives ressenties:

— fourmillement au bout des doigts;
— au début, difficulté à bouger les doigts;
— respiration lente et régulière;
— sensation de total abandon;
— meilleure perception de l'épiderme;
— calme profond et détente complète.

Lévitation du bras (deuxième approfondissement)

Ce deuxième exercice ne peut être fait qu'après celui de l'union des doigts.
Avec ce passage auto-hypnotique, on approfondit encore plus l'état altéré de conscience, et on arrive à un niveau tel qu'on peut utiliser avantageusement les grandes ressources de notre inconscient. La position est toujours la même; naturellement les yeux sont fermés. Une fois encore, on se concentre sur sa main droite (la gauche pour les gauchers) et on se fait des suggestions mentales de ce genre: "Toute votre attention est portée sur votre main droite, qui à partir de maintenant devient toujours plus légère: vous ressentez déjà au bout des doigts d'agréables sensations de légèreté. Les doigts de votre main droite deviennent toujours plus légers, voici qu'ils commencent à se lever, toute votre main est en train de devenir agréablement légère, du bout des doigts jusqu'au poignet; votre main s'éloigne du fauteuil et

sans poids s'élève toujours plus, toujours plus. Très bien, voici que maintenant cette sensation de grande légèreté envahit tout votre membre: du poignet jusqu'au coude et du coude jusqu'aux épaules. L'avant-bras et le bras sont en train de devenir très légers, incroyablement légers. C'est comme s'il y avait des ballons attachés à votre poignet qui soulèvent votre bras; une force mystérieuse entraîne votre bras droit. Maintenant, tranquillement, agréablement, votre bras se soulève toujours plus. Votre main se balance comme une plume bercée par le vent. Vous portez votre main à votre front, tranquillement, lentement. Quand votre main touchera votre front vous commencerez à dormir agréablement, tout en restant conscient. C'est comme si vous vous endormiez profondément (continuez les suggestions jusqu'à ce que votre main touche votre front). Voilà que votre main a touché votre front, votre relaxation est devenue très profonde, comme un agréable sommeil très calme, plein de tranquillité et de paix. Maintenant votre main s'éloigne de votre front, et redescend lentement revenant à sa position d'appui. Lorsqu'elle touchera le fauteuil, vos sensations de calme, de tranquillité et de somnolence seront encore plus profondes".

Sensations positives ressenties:

— complète tranquillité du corps;
— torpeur;
— insensibilité de certaines parties du corps (spécialement les membres inférieurs);
— perceptions sensorielles différentes de celles que vous avez d'habitude;
— état de total abandon physique;
— disponibilité de l'esprit.

Considérations

Pendant ce deuxième approfondissement, les sensations ressenties sont très suggestives, l'essentiel est qu'elles soient positives et agréables. Pour certaines personnes, les sensations de légèreté de la main viennent lentement, après un certain temps; pour d'autres au contraire elles se manifestent immédiatement. Chez certains patients, le bras s'élève très lentement de telle sorte que l'exercice dure une quinzaine de minutes, chez d'autres au contraire c'est plus rapide.

La durée de l'exercice n'a pas grande importance; ce qui compte c'est la réussite, même si, normalement, on remarque un meilleur approfondissement hypnotique chez les patients qui répondent par des gestes lents aux suggestions. Lorsque le bras s'abaisse, il descend assez rapidement chez une grande partie des patients, de toute façon, ici aussi les sensations et la dynamique sont très suggestives. Après avoir réussi ce dernier approfondissement, on peut passer aux autres exercices d'hypnose.

Comment augmenter votre mémoire et votre volonté

On croit à tort que l'homme pense avec son cerveau. Le cerveau n'est qu'un centre de recueil et de tri de toutes les pulsions sensitives et motrices; c'est également le centre d'élaboration des fonctions psychiques. Le système nerveux comprend également la moelle épinière et les nerfs. Tout se passe grâce à une charge électrique produite par deux substances de notre organisme: le sodium et le potassium.

Chaque cellule est qualifiée pour un travail particulier, elle a une structure capable de guider, de transmettre et d'emmagasiner des données et des sensations.

La cellule nerveuse (neurone) accomplit tout ce travail par pur égoïsme puisque si elle ne le faisait pas, elle serait détruite automatiquement. Nous pensons donc avec toutes les parties de notre corps, mais les cellules nerveuses du cerveau se sont spécialisées en un centre de recueil et d'élaboration des données parvenues. De quelle façon, le cerveau emmagasine-t-il les données, tout cela n'est pas encore clair. Mais pourquoi ne nous rappelons-nous uniquement que d'une petite partie de notre vie? Sans doute pour éviter d'emmagasiner des choses inutiles. Cela ne sert à rien de se rappeler ce que nous avons mangé il y a dix ans; mais si le repas est lié à un phénomène plus important (empoisonnement par aliments avariés), l'information sera enregistrée, et l'expérience nous évitera de refaire la même erreur.

Ainsi, l'information ne sera enregistrée au niveau conscient, que si elle a une certaine importance.
Alors, quelle est la différence entre un génie et une personne ordinaire. Probablement, le génie réussit-il mieux à coordonner les différentes parties de son cerveau, ou bien à exploiter la volonté.
La capacité du cerveau est presque inépuisable, et pourtant nous n'en n'utilisons que 10 à 15%. Si l'homme, même le moins doué, utilisait 50 à 60% de son cerveau, il serait le plus grand génie de tous les temps.
Lorsque nous nous croyons fatigués mentalement, nous nous trompons, car notre cerveau peut continuer à emmagasiner à l'infini. Nous confondons simplement la fatigue physique et l'ennui avec la fatigue cerébrale. Normalement lorsque nous lisons, ce sont les yeux qui se fatiguent en premier, et tout de suite après ce sont les muscles du cou. Mais si nous lisons quelque chose qui ne nous intéresse pas, l'ennui et le manque de concentration se manifestent. Il devient donc important d'avoir une position confortable, un buste bien droit, et également une bonne lumière.
Les muscles du cou ont une grande importance. En effet la fatigue et le sommeil apparaissent, en tant que message, dans la moelle allongée (celle du cou) qui fait partie du tronc cérébral. Par la volonté, on détruit l'ennui et le manque d'intérêt; l'intelligence a beaucoup moins d'importance qu'on veut bien le croire. Ce qui compte, c'est l'utilisation et l'entraînement de la volonté.
Le pouvoir du cerveau augmente avec les exercices. Au fur et à mesure qu'on emploie le cerveau, les fibres nerveuses se chargent d'une substance appelée myéline. Plus nous avons de myéline plus nous arrivons à imaginer; plus nous faisons travailler notre imagination et plus nous créons de myéline; il se forme ainsi une réaction en chaîne.
Un âge avancé n'interdit pas d'apprendre, même s'il est vrai

que notre cerveau fonctionne alors moins bien. Nous pouvons pallier cette déficience par une augmentation de la force de volonté, et un bon entraînement mental. Nous en avons ainsi déduit que le facteur le plus important est la volonté. Etant donné que chaque chose est enfermée en nous, y compris la volonté, nous sommes en mesure de la développer à notre gré. Chaque fois que nous nous fixons un but et que nous le réalisons, nous entraînons notre volonté; plus nous l'entraînons et plus il nous est facile d'utiliser cette grande force. Je suis convaincu que par la volonté, on peut réaliser de grands changements; nous en avons un exemple frappant dans les écoles ésotériques occidentales où, grâce à la volonté et au renoncement, l'homme réussit à dominer son corps et sa psyché, atteignant ainsi la transcendance. Utiliser sa propre volonté signifie utiliser également le libre arbitre.

La première chose à faire dans les techniques d'auto-hypnose est de fixer un but.

Relaxation et approfondissement terminés, pensez mentalement à tous les résultats que vous n'avez pas obtenus, aux buts que vous auriez pu rejoindre, aux changements qui ne se sont pas faits, à tout ce que, en somme, votre manque de volonté vous a empêché de réaliser.

Faites un examen de conscience et vous vous rendrez compte que vous auriez pu changer de travail, atteindre une position sociale plus élevée, être mieux accepté par la société; vous auriez probablement pu surmonter différents obstacles de façon plus brillante ou moins douloureuse.

Faites un relevé de tout ce vous auriez pu faire et que vous n'avez pas fait, de toutes les occasions manquées.

Maintenant pensez à tous les avantages, à tous les bénéfices, que vous auriez pu tirer du développement de votre volonté. Examinez-les et imaginez-vous différemment, emplissez votre esprit d'agréables sensations telles que la joie, la confiance, la sécurité, la considération, etc. Evaluez maintenant toutes les sensations positives, comparez-les avec les négatives dues au manque de volonté et optez pour un grand changement.

Décidez de développer votre volonté. Ceci doit être un pacte secret avec vous-même; personne ne doit être au courant de ce que vous êtes en train d'entreprendre.

Si, pendant cet exercice, certaines incertitudes se faisaient jour, ne continuez pas, reportez la séance à un autre jour. Cette phase est la plus importante, la plus délicate, c'est ici que doit se faire le grand changement, que se préparent les fondations de votre édifice et il est important qu'elles soient solides et résistantes afin de ne pas compromettre l'objectif final.

Si, au contraire, tout se passe bien, alors répétez-vous au moins cinq fois de suite des phrases encourageantes du type: "La volonté entraîne la volonté, si vous le voulez, vous réussirez à vous améliorer".

Après les suggestions, on continue par des visualisations qui font partie de la dynamique mentale.

1. Visualisez un fond gris: ce fond gris représente votre cerveau. Au centre du fond gris, il y a un point vert qui symbolise la volonté. Maintenant ce point s'agrandit, toujours plus, il augmente encore, lentement, constamment, jusqu'à couvrir tout le fond gris qui apparaît maintenant totalement vert.

   Vous avez ainsi augmenté votre volonté qui dorénavant sera plus forte (figure 1).

2. Visualisez un fond blanc avec, au centre, un cube transparent. Ce cube est ouvert dans sa partie supérieure et représente votre esprit. Maintenant, dans ce cube, des billes tombent une à une. La première bille est verte (la volonté), suit ensuite une bille orange (la mémoire) et enfin une bille violette (la connaissance). Des billes

vertes, orange, violettes tombent, toujours dans cet ordre, dans le cube transparent, finissent par le remplir et le colorer complètement (figure 2).

Voici les informations que vous êtes en mesure d'emmagasiner. Ce sont des informations en tout genre, il suffit uniquement de vouloir accumuler toujours davantage de données et cela devient facile et automatique. Les exercices de prise de conscience doivent être faits tous les jours pendant au moins trois jours de suite.

On commence en même temps à entraîner sa mémoire par le renoncement et l'application.

Au début, il s'agira d'objectifs très simples comme, par exemple, de réaliser à une certaine heure du jour, des actes qui peuvent sembler inutiles, banals : plier les jambes ou penser à une certaine personne, un certain lieu. Ce sont des exercices faciles qui ont cependant une action bénéfique sur votre volonté. Ainsi, vous pourrez vous ordonner de vous lever tous les matins, pendant une semaine, 10 mn avant l'horaire fixé, de ne pas regarder la télévision, de vous priver de café pendant une journée, de gâteaux, pendant une semaine ou encore de rester à jeun.

Rappelez-vous, lorsque vous avez pris une décision, ne pas la maintenir serait de la plus grande faiblesse, de la plus grande lâcheté. Pour ne pas "succomber", efforcez-vous mentalement de penser aux avantages et aux grands changements que vous pouvez réaliser. Ce doit être un pacte avec vous-même, un pacte indissoluble auquel vous ne devez pas renoncer : de cette façon uniquement, vous augmenterez votre volonté et tout deviendra plus facile et plus simple. Vous serez étonné des changements que vous constaterez jour après jour; rappelez-vous surtout que *vouloir c'est pouvoir.*

Nous avons dit que la mémoire dépend en grande partie de la volonté, mais elle dépend également du sentiment.

Ceci veut dire que nous emmagasinons plus facilement des notions déterminées par des situations qui nous attirent. Ainsi celui qui aime la nature mémorise plus facilement les informations recueillies dans un livre ayant pour thème: "Comment communiquer avec les plantes", que s'il lit un article sportif alors qu'il ne s'intéresse pas au sport. L'intérêt, donc, pour ce qu'on veut mémoriser est une condition très importante. L'homme apprend, parce que la soif de connaître le pousse vers l'action et l'action se fait parce qu'il existe toujours un sentiment (positif ou négatif) qui est la satisfaction profonde que l'on a d'apprendre, de connaître et d'explorer des choses nouvelles.
Voici pourquoi il est important de bien choisir une activité professionnelle appropriée à ses aptitudes.
Une personne à l'esprit mathématique sera peut-être un très mauvais naturaliste; celui qui n'aime pas la musique un très mauvais musicien et ainsi de suite.
Le sentiment est inné; mais souvent, nous le connaissons mal.
Ceci veut simplement dire qu'il est très important de rejeter tout ce qui est trop lié à la tradition et l'habitude; il faut par contre être ouvert à la nouveauté, à l'expérience et éviter de porter des jugements hâtifs et peu constructifs.
Pour affirmer qu'une soupe n'est pas bonne, il faut avant tout la goûter et non se baser uniquement sur les informations que nous avons quant à sa composition par exemple.
Les grands personnages de l'histoire et de l'art ont été considérés comme des excentriques uniquement parce qu'ils étaient différents de la masse, ils avaient une soif insatiable de connaissances qui les poussait vers la nouveauté, l'observation, avec la curiosité des enfants.
Il existe pendant l'enfance une remarquable curiosité, c'est pourquoi je vous conseille de vous comporter comme des enfants; cherchez, découvrez, soyez parfois un peu impru-

dent, ne soyez jamais passif, statique, inactif. Léonard de Vinci était un personnage important parce que pour chaque phénomène de la nature il cherchait le pourquoi du comment. C'était sa soif de connaissances, sa curiosité, qui lui permettaient d'accumuler expérience et savoir.
Le grand secret du succès est la volonté et la curiosité. Ne dites pas : "désormais je suis trop vieux, si je n'avais pas de famille, si j'avais pu étudier..., ma santé ne me le permet pas...", etc. Ce ne sont que des excuses inventées, des mensonges pour dissimuler votre paresse.
Toute personne au quotient intellectuel moyen (je rappelle de toute façon qu'il est difficile de définir l'intelligence) peut atteindre n'importe quel objectif, cela ne dépend que de lui, de personne et de rien d'autre.
Pour avoir un meilleur rendement pour étudier et mémoriser, il faut que la partie supérieure de la tête ait une très bonne circulation du sang. Un cerveau mal irrigué a un rendement bas car, comme nous le savons, les cellules ont besoin d'oxygène pour brûler de l'énergie, surtout celles du cerveau qui sont les premières à souffrir en cas de carence. L'oxygénation se fait par une respiration profonde. Il faut prendre l'habitude de pratiquer la respiration profonde chaque matin, à peine levé, pendant au moins cinq minutes. Il est également nécessaire de la réaliser avant de commencer à étudier (voir chapitre consacré aux techniques respiratoires).
Quand on est en exercice de respiration profonde, il vaut mieux penser à la couleur verte, puisqu'elle augmente la concentration et la volonté.
Plus haut, nous avons dit que notre esprit emmagasinait plus facilement ce qui l'intéressait. Et bien chaque fois que vous entendez ou lisez un mot nouveau et difficile à retenir, essayez de le décomposer en mots que vous connaissez déjà et si possible qui vous rappellent quelque chose de

comique ou de ridicule. Ensuite, répétez-le au moins cinq fois à haute voix afin qu'il s'imprime bien dans votre mémoire. S'il s'agit de chiffres, procédez de la même façon: associez-les à des dates célèbres, et exercez-vous à faire de simples calculs mentaux.

Il existe un autre petit truc. Placez vos mains, paumes tournées vers la tête, et appuyez vos coudes sur la table. Chaque fois que vous voudrez retenir un mot difficile, prenez cette position et répétez le mot cinq fois de suite. Cela fonctionne car chaque fois, vous vous concentrez et vous extériorisez votre volonté (chaque action est un acte de volonté).

Pour améliorer la mémoire, on peut faire une dynamique mentale de ce type: visualisez un fond gris, au centre de ce fond gris, placez un point orange. Ce point représente votre faculté d'apprendre. Maintenant ce point commence à s'agrandir, il devient toujours plus grand; lentement il s'étend toujours, toujours plus, jusqu'à couvrir totalement le fond gris qui devient maintenant totalement orange.

Votre apprentissage sera dorénavant toujours plus facile parce que votre mémoire s'est améliorée (figure 3).

Un autre système pour apprendre facilement consiste à utiliser les heures de sommeil pour emmagasiner des données. Si l'auto-hypnose ne présente aucune contre-indication, ce dernier système ne doit cependant être utilisé qu'en cas exceptionnel, comme par exemple pour préparer un examen. Il faut prendre un magnétophone, le mettre sur la table de chevet avec un volume sonore à peine audible, se coucher, faire un peu de respiration profonde et se répéter la phrase suivante "dans quelques minutes, quand je dormirai, même si je dors profondément, je serai en mesure d'écouter l'enregistrement; j'apprendrai facilement, je mémoriserai tout ce que j'aurai entendu".

Une autre méthode pour arriver à bien utiliser sa mémoire est l'entraînement de la mémoire visuelle. Avec la mémoire visuelle, on peut emmagasiner d'innombrables informations en très peu de temps; on photographie l'information par la pensée et ensuite on sort le cliché enregistré quand on en a besoin. Mais il faut s'entraîner; essayez de fixer pendant une vingtaine de secondes une table avec des objets; ensuite, les yeux fermés, établissez la liste de ce que vous avez vu et dont vous vous souvenez. Ensuite, dans la mesure du possible, essayez de relier entre eux les mots de votre liste, comme s'il s'agissait d'un dessin ou d'une scène de film. Par exemple pour se rappeler par cœur de ces dix mots, dans l'ordre: *pré, maison, arbre, homme, fusil, oiseau, eau, chien, botte, main,* il suffira de visualiser un *pré* avec une *maison* et un *arbre.* Près de l'arbre, un *homme* qui part à la chasse et tient un *fusil.* Le chasseur tire sur un *oiseau* qui tombe dans l'*eau* du ruisseau voisin. Le *chien* qui était près de l'homme va prendre l'oiseau et le dépose à côté de la *botte* du chasseur. Le chasseur caresse le chien de la *main.*

Penser à une scène, à un événement passé, réussir à le revivre pleinement est au fond une agréable gymnastique mentale.

Je vous propose maintenant des exercices intéressants qui vous ouvriront les portes de votre inconscient et vous permettront de libérer toute l'énergie qui sommeille en vous. En sept jours, vous réussirez à développer pleinement votre imagination, à améliorer en même temps votre mémoire et à atteindre un état altéré de conscience utile.

Tous les exercices seront précédés de relaxation et d'approfondissement.

Premier jour: exercice des chiffres ajoutés

Visualisez un grand tableau noir, sur lequel serait écrit à la craie blanche un grand chiffre 1.

Après avoir bien fixé ce chiffre, effacez-le et sur le tableau propre, écrivez mentalement le chiffre 2. Dorénavant chaque chiffre à écrire sera la somme des chiffres précédents; ainsi 1 + 2 = 3, on visualise donc le 3; puis 2 + 3 = 5, on visualise le 5; ensuite 3 + 5 = 8, on visualise le 8 et ainsi de suite pour les autres chiffres 13, 21, 34, 55, 89, 144, etc.
On peut continuer assez longtemps et s'arrêter dès que l'on ressent une certaine fatigue.

Deuxième jour: exercice des formes géométriques

Toujours sur le tableau noir, visualisez cette fois-ci de simples figures géométriques, tracées à la craie blanche lumineuse.
Tout d'abord le triangle, symbole de la perfection, puis le carré, symbole de la coordination, puis le cercle, symbole de la continuité, de la créativité, de l'action. Ces symboles très simples contiennent en réalité des messages, des souvenirs anciens qui réveillent les forces latentes de notre inconscient.

Troisième jour: exercice des cercles colorés

Dans cet exercice, on visualise cinq couleurs: rouge, orange, jaune, vert et bleu.
Ces couleurs doivent être perçues comme des sensations, des vibrations afin de pouvoir véhiculer d'importantes énergies. Les yeux toujours fermés, emplissez votre champ visuel d'un panneau complètement blanc. Au centre de ce panneau, placez une grosse sphère rouge vif. Vous devez parfaitement visualiser ce rouge vif, et pour que ce soit plus facile, pensez à un coquelicot, à votre sang, à un coucher de soleil. Vous devez percevoir toutes les sensations que

peut vous transmettre la couleur rouge: la chaleur, l'énergie, l'activité. Le rouge purifie, aide à choisir, donne du courage.

Continuez avec la couleur orange en imaginant une sphère de cette couleur. Au fur et à mesure que vous la voyez, essayez de vous fondre en elle. Avec l'orange, vous vous sentez plus fort, plus courageux. L'esprit s'ouvre à de nouvelles connaissances, vous percevez d'agréables sensations. Maintenant vous êtes en mesure de pressentir l'essence des choses, le message de la connaissance.

Laissez-vous envelopper complètement par ces vibrations orange, laissez-vous transporter par les sensations, abandonnez-vous complètement.

La sphère devient jaune. Vous visualisez parfaitement une sphère jaune. Le jaune vibre en vous, vit en vous, vous rend serein, vous donne une plus grande vitalité. Dans le jaune, on perçoit les vibrations de la matière, on arrive à la connaissance, à la recherche intérieure. Vous sentez dans cette couleur les forces solaires, l'amour, les énergies qui vous pénètrent.

Imaginez maintenant que la sphère devient verte. Cette couleur est l'image de la vie. C'est le symbole de la vie sur la terre. Avec le vert, on vit intensément dans le monde, on expérimente la signification de la naissance. Pensez à la couleur verte d'un pré, emplissez votre esprit de cette couleur. La volonté, la constance, l'application augmentent en vous. Vous sentez l'énergie vitale qui vibre dans chacun de vos organes, dans chacune de vos cellules.

En dernier lieu, représentez-vous une sphère qui devient bleue, un morceau de ciel bleu placé au centre du panneau blanc. Le bleu symbolise le recueillement intérieur; vous vous sentez irradié par une lumière qui vous apporte sérénité, calme et tranquillité. En vous naît la loyauté, l'altruisme, la confiance, l'optimisme.

Toute tension nerveuse disparaît, votre esprit découvre la paix, la sérénité que vous cherchiez depuis si longtemps.

Quatrième jour: exercice des sons

Cet exercice fait appel à votre mémoire auditive. Dans une pièce calme, vous devez imaginer que vous entendez des sons bien précis et continuer jusqu'à ce que vous les entendiez réellement. Vous serez tellement plongé dans vos sensations que le son imaginé semblera devenir réel.
Commencez l'exercice avec un son facile à mémoriser, comme par exemple le bruit des vagues, d'une cascade, du vent, de la pluie, d'un train...

Cinquième jour: exercice des goûts

Cette fois-ci, vous allez faire appel à votre mémoire gustative. Vous devez imaginer des aliments et en sentir le goût. Essayez avec des aliments sucrés, des aliments amers, des aliments salés. Imaginez que vous mangez une orange, ou une pomme, ou n'importe quel autre fruit et faites naître en vous la sensation du vrai.

Sixième jour: exercice des odeurs

Vous voici prêt à sentir les odeurs. Visualisez une belle rose et éveillez en vous le suave parfum de cette fleur.
Vous pouvez bien sûr choisir une autre fleur; choisissez en fait une fleur que vous appréciez et dont vous vous rappelez facilement le parfum.
Imaginez que vous en respirez l'agréable saveur et qu'elle remplit vos narines. Le parfum est une énergie qui éveille des sensations et des états d'âme profonds. L'esprit se dilate et la perception de la réalité prend une valeur plus riche en signifiés et en messages.

Septième jour: exercice du pré

Vous avez atteint l'objectif final. Dans ce dernier exercice, vous allez réunir toutes les expériences vécues pendant les six jours precédents.

Imaginez que vous êtes à la campagne dans un lieu inconnu pour laisser une plus grande part à votre imagination. Visualisez un beau pré complètement vert; dans l'herbe, il y a des fleurs de différentes couleurs, il fait doux, le ciel est d'un bleu intense. Vous marchez dans l'herbe, vous admirez les couleurs de la nature, vous entendez le bruissement des feuilles, le gargouillis d'un ruisseau, vous respirez le parfum des fleurs, vous sentez l'odeur de l'herbe. Si vous apercevez un buisson de mûres, vous en goûtez les fruits.

Laissez-vous transporter par ces sensations qui stimulent vos sens. Vous vivrez un rêve agréable, mais l'expérience que vous en tirerez laissera en vous des souvenirs réels.

Vous êtes plongé au plus profond de votre inconscient, vous vous sentez comme projeté dans une autre dimension. Dans ce dernier exercice, plus vous vous laisserez porter par votre imagination et meilleure sera la réussite. Il peut se passer des faits troublants comme la résurgence d'un moment important de votre enfance ou bien la mise en contact télépathique avec une personne qui vous est chère, ou encore la manifestation de signes prémonitoires.

Si tout cela arrive, c'est plus que positif. Profitez-en car cela signifie que vous avez atteint un état altéré de conscience qui habilement exploité pourra vous aider par la suite. Lorsque vous voudrez revenir à la réalité, comptez mentalement jusqu'à 20. Au fur et à mesure que vous comptez, vous reprenez conscience du lieu dans lequel vous vous trouvez, de votre corps. A 20, réveillez-vous complètement. Au réveil vous aurez sûrement des sensations agréables; vous vous sentirez calme, tranquille et serein.

DYNAMIQUE MENTALE

Volonté
(figure 1)

Apprentissage
(figure 2)

Mémoire
(figure 3)

Le symbole commutateur

Vous êtes arrivé à une étape importante de l'auto-hypnose. Vous pouvez maintenant utiliser le grand réservoir de votre inconscient personnel et en tirer de grands avantages.
Le symbole commutateur est un commandement post-hypnotique, ou un ordre ou mieux encore une suggestion. Il sera exécuté immédiatement après la séance ou plus tard.
Les avantages sont très nombreux:
— emploi du symbole dans n'importe quel lieu avec action immédiate;
— insertion du symbole à l'état d'éveil;
— emploi des différents symboles commutateurs selon les nécessités de chacun.
Comme je l'ai déjà dit, le symbole commutateur entre en action immédiatement, mais avant que cela se produise il doit être dûment préparé et programmé.
Dans le chapitre "La vie psychique", nous avons vu que l'inconscient personnel emmagasine toutes les informations qui lui parviennent de l'extérieur et les garde jalousement de côté.
Si la suggestion intervient pendant l'état altéré de conscience, l'inconscient accepte a priori la suggestion.
Ceci, cependant, peut être atemporel ou si l'on veut projeté dans le futur; de toute façon la dynamique de l'action ne change pas.

Le psychologue russe Pavlov vit dans l'ordre post-hypnotique l'action psychique des réflexes conditionnés. Il en est ainsi par exemple à la vue d'un plat appétissant quand les glandes salivaires augmentent leur sécrétion. Dans le symbole commutateur, un mot (ou un acte) devient l'interrupteur qui déclenche une action programmée dans le temps. Un exemple simple peut nous être fourni par le réveille-matin que nous avons programmé la veille, avant d'aller au lit, et qui sonne à l'heure fixée pour nous réveiller. Avec le symbole commutateur, il se passe la même chose.

Pendant la séance d'auto-hypnose, on fait intervenir un symbole (qui correspond à l'heure du réveil) qui chaque fois qu'il sera extériorisé déclenchera une action psychique située dans notre inconscient.

Pour pouvoir introduire un symbole commutateur, il faut pouvoir atteindre un état hypnotique assez profond; de ce fait, il vaut mieux l'introduire après les approfondissements et la visualisation du champ et compléter ainsi les exercices indiqués au chapitre "Comment augmenter la mémoire et la volonté".

On introduit le symbole commutateur dans l'exercice du pré lorsque les sensations agréables dues au milieu naturel ont atteint un état de perception presque réel (ou bien un état de réalité suggestive). A ce moment-là uniquement, on pourra commencer les suggestions: "Maintenant faites bien attention à ce que je vais vous dire, c'est très important; dorénavant, chaque fois que vous répéterez mentalement le mot..., vous vous sentirez parfaitement calme et détendu".

Les suggestions doivent être répétées au moins trois fois. C'est ainsi qu'on introduit un symbole commutateur. Il vaut mieux que ce soit un mot étrange et peu usité. On peut, par exemple, intervertir la prononciation d'un mot, d'un nom propre ou de son prénom. De cette façon, le symbole commutateur devient unique et on ne court pas le risque

que quelqu'un d'autre, en prononçant ce mot, interfère la programmation post-hypnotique. Il est en outre conseillé de répéter au moins trois fois de suite le symbole afin d'éliminer toute possibilité d'interférence.

Le symbole commutateur doit être strictement personnel et secret, et il ne faut donc jamais le révéler à personne. A cette phase de l'auto-hypnose, on atteint un stade très délicat où il est préférable de prendre diverses précautions. Voici pourquoi le symbole commutateur doit être introduit en tenant compte de toutes les suggestions données. Nous sommes en fait au plus profond de l'inconscient et la prudence est de rigueur.

Récapitulons donc les dispositifs de sécurité qui doivent faire partie de notre technique de développement des suggestions de base données par l'ordre impératif: "Chaque fois que vous répéterez mentalement, et au moins trois fois dc suite, le mot..."

— "chaque fois que vous *répéterez*": ce sera ainsi uniquement vous qui amorcerez le symbole;
— "chaque fois que vous répéterez *mentalement*": même si votre symbole est prononcé par une autre personne, la commutation ne se fera pas;
— "chaque fois que vous répéterez mentalement, et au moins *trois fois de suite*": de cette façon, la sécurité devient totale car même si le mot vous venait à l'esprit ou si une autre personne le prononçait, mettant ainsi en fonctionnement l'action commutatrice, il serait pratiquement impossible que cela se produise trois fois de suite;
— le symbole est un mot peu commun.

A la place du mot, on peut utiliser un geste, par exemple toucher une partie de son corps, mais je vous conseille plutôt, croyez-en mon expérience, d'utiliser un mot mental. Après avoir introduit le symbole, vous pouvez continuer les visualisations du milieu naturel dans lequel vous étiez plongé, ou bien comptez mentalement jusqu'à 20 et réveillez-vous (il est toujours conseillé de prendre un chiffre un peu élevé pour que le réveil soit progressif).

C'est une erreur d'utiliser le symbole commutateur tout de suite après l'exercice, car même si l'auto-hypnose vous a plongé dans un état assez profond, le symbole n'aura pas encore été parfaitement intériorisé. Pour qu'il pénètre au plus profond de l'inconscient il faut répéter l'exercice et les suggestions plusieurs fois; généralement, trois séances suffisent. Il est préférable de les faire trois soirs de suite ou à la limite de les espacer, mais il vaut mieux qu'il n'y ait pas plus de 3 à 4 jours d'intervalle. Plus vous vous servez du symbole commutateur, plus il devient fort, à tel point qu'il sera efficace toute la vie.

Le symbole commutateur peut être utilisé pour aider à résoudre de nombreux problèmes. En effet, s'il est provoqué par de bonnes suggestions, le symbole crée une situation telle que chaque fois il déclenchera une sorte d'interrupteur qui ouvrira les voies permettant l'utilisation de l'inconscient pour nos besoins.

En lisant ces lignes, chacun pourra bénéficier des avantages de cette technique pratique, mais en aucun cas il ne faut se précipiter.

En tout premier lieu, consacrez un peu de votre temps pour méditer sur ce qui pourrait vous être vraiment utile, par exemple:

— être sûr de vous et vaincre votre timidité;
— améliorer votre mémoire et votre volonté;
— augmenter votre force physique, etc.

Faites une liste des buts que vous voulez atteindre et optez pour celui qui vous intéresse le plus.

Ensuite, choisissez un symbole commutateur et enfin commencez votre auto-hypnose.

De toute façon, n'espérez pas découvrir la solution de tous vos problèmes; en fait, la méthode du symbole commutateur est comme la lampe d'Aladin: elle ne peut satisfaire que peu de désirs; voilà pourquoi il faut agir sans hâte.
Il est vrai que l'auto-hypnose permet d'obtenir de bons résultats, mais il ne faut pas exagérer, comme en toute chose d'ailleurs. En effet, si vous utilisez trop de symboles, il pourra arriver qu'aucun ne fonctionne.
Il s'opère une saine réaction de l'inconscient qui, n'étant plus en mesure d'accueillir les différentes commutations, ne fonctionne plus. En règle générale, on peut introduire au maximum 3 à 4 symboles, fractionnés dans le temps. De toute façon, réussir à résoudre trois de ses problèmes est déjà beaucoup.
Voici ci-après des exemples d'introduction de symboles commutateurs.

Pour vaincre la timidité

Chaque fois que vous répéterez mentalement, au moins trois fois de suite, le mot *X* vous vous sentirez parfaitement tranquille; sûr de vous, vous vous adresserez aux autres avec une très grande confiance et une très grande sérénité.

Pour augmenter la mémoire et la volonté

Chaque fois que vous répéterez mentalement, trois fois de suite le mot *X*, votre mémoire deviendra parfaitement active. Elle sera prête à assimiler et vous apprendrez facilement tout ce que vous étudierez. Chaque fois que vous lirez, que vous écouterez, votre esprit sera plus ouvert et percevra le plus d'informations possible. Votre mémoire s'améliorera et il vous sera plus facile de vous concentrer sur le sujet de votre étude.

Pour s'arrêter de fumer

Si vous allumez une cigarette, vous n'en tirerez aucun plaisir. Au contraire, son goût vous sera désagréable, il vous écœurera même à un point tel que vous éteindrez votre cigarette, car vous serez dans l'impossibilité de la fumer.

Pour augmenter la force physique

Chaque fois que vous prononcerez, trois fois de suite le mot *X*, votre force musculaire doublera immédiatement. Vos muscles seront parfaitement irrigués par le sang et votre tonus musculaire aura un rendement maximum.

Pour maigrir

Chaque fois que vous commencerez à manger, vous n'aurez très rapidement plus faim. Vous n'absorberez pas d'aliments qui font grossir et vous ne mangerez pas en dehors des repas.
Votre corps assimilera le strict minimum et, par la transpiration, il éliminera toutes les substances toxiques.

Bégaiements

Chaque fois que vous prononcerez mentalement une fois le mot *X*, vous serez tranquille et détendu, les muscles de votre trachée seront tout à fait relâchés, vous parlerez très bien, avec aisance et confiance en vous. Il vous sera facile de communiquer avec les autres. Dans ce cas, on a choisi de n'introduire le symbole qu'une fois, pour obtenir un résultat plus rapide.
La liste des applications pourrait continuer indéfiniment; de toute façon, il revient à chacun de choisir quel problème il veut résoudre.

Comme on a pu le noter, dans certains exemples, il manque le mot qui sert de symbole commutateur. Dans ces cas, c'est l'action elle-même, prévue dans la suggestion, qui sert de symbole: "Dès que vous fumerez une cigarette, vous n'en aurez plus envie...".

Lorsqu'on introduit un mot-clé comme symbole, qui doit déclencher l'action inconsciente, il est bon de répéter ce même mot à la fin de l'action.

Ainsi, par exemple, si on utilise le symbole commutateur pour augmenter la mémoire et la volonté, après avoir fini d'étudier ou d'écouter ce dont on voulait se rappeler, il est conseillé de fermer le circuit mnémonique en répétant une seule fois le mot qui sert de symbole commutateur. Ainsi la fermeture elle-même fera partie des suggestions.

On terminera la suggestion par la phrase: "Quand vous répéterez une seule fois le mot *X*, votre esprit reviendra à l'état de repos".

Le système de fermeture est conseillé tout particulièrement quand l'action du symbole doit durer un certain temps; dans les autres cas il n'est pas nécessaire. Pour maigrir et s'arrêter de fumer, il ne faut pas utiliser le système de fermeture car l'action doit durer dans le temps.

Le contrôle de la température

Dans ce chapitre nous ne traiterons pas de tout le système de contrôle de la température du corps, car il est composé de techniques d'auto-contrôle trop complexes et trop longues qui supposent une solide base de connaissances.

Je vous apprendrai plutôt à faire baisser votre température en cas de fièvre ou à l'élever en cas de refroidissement.

Normalement la température intérieure du corps est de 37 °C. La température extérieure est moindre, de 0,5 °C environ.

Ces valeurs ne sont pas constantes mais varient en fonction de nombreux facteurs.

Vers 16/17 h, la température augmente d'environ 0,5 °C, tandis qu'elle diminue pendant la nuit. De plus, elle monte pendant la digestion et après un effort physique.

La température du corps est déterminée par des réactions chimiques qui s'effectuent au niveau cellulaire et qui servent à maintenir en vie. La zone de contrôle de la température est l'hypothalamus qui fait partie du diencéphale.

La peau a aussi une fonction thermorégulatrice, par la dilatation et la constriction des capillaires, ce qui favorise ou diminue la circulation du sang. La peau réagit à la chaleur en augmentant la circulation du sang de sorte qu'il a une plus grande superficie pour se refroidir, et en favorisant la sécrétion des glandes sudoripares.

La peau réagit au froid en augmentant la constriction des capillaires et la sécrétion des glandes sébacées.
Il existe dans la peau des terminus nerveux aptes à procurer ces sensations de chaud ou de froid; (ces terminus sont de l'ordre de quatorze pour le froid, et de seulement un ou deux pour le chaud).
La zone la plus chaude de notre corps est certainement le foie: la température y atteint 38 °C.

Pour diminuer la température

La fièvre n'est pas une maladie: c'est un symptôme qui nous avertit que quelque chose ne fonctionne pas dans notre organisme; c'est donc une sonnette d'alarme très utile. Très souvent, la fièvre est causée par des maladies, des bactéries ou des virus. Cette invasion ennemie trouve son origine dans la sécrétion par les globules blancs de substances appelées pyrogènes qui stimulent l'hypothalamus élevant ainsi la température. Lorsque la température est inférieure à 40 °C, elle n'est pas dangereuse, au contraire elle est très utile puisqu'elle stimule la production de globules blancs et favorise la sécrétion d'un certain nombre d'hormones qui combattent les maladies. De plus la température élevée tue les bactéries en les cuisant littéralement.
Il est donc préférable de ne pas faire tomber systématiquement la fièvre par des médicaments car ils altéreraient les processus biologiques en action; au maximum on peut la contrôler avec des techniques appropriées.
Il a été établi que l'anxiété et la peur peuvent provoquer de la température; dans ce cas encore, la relaxation est très importante. Avant de faire appel à quelque technique que ce soit il est vraiment très important de faire une bonne relaxation.

Visualisation

Dans la chambre, allumez une lampe bleue et commencez l'exercice de relaxation; celui de la vague bleue est le plus indiqué. Quand on a atteint un très bon niveau de relaxation, il faut visualiser, toujours les yeux fermés, un coin de montagne en plein hiver. Concentrez-vous sur cette image, tout particulièrement sur la neige, sur l'étendue glacée qui vous environne. Vous sentez déjà une agréable sensation de fraîcheur. L'air qui vous entoure est pur et limpide et vous le respirez à pleins poumons.
La température de votre corps commence à diminuer tandis que cette agréable sensation de fraîcheur vous envahit. Vous imaginez que vous vous roulez dans la neige, dans cette neige très fraîche et poudreuse. L'agréable sensation de fraîcheur de la glace et de la neige vous pénètre, la température de votre corps continue à diminuer.
Plus vous visualisez cette étendue de neige et de glace, plus votre température diminue et vous vous sentez de mieux en mieux.
On peut utiliser cette méthode d'auto-hypnose non seulement pour faire tomber sa température, mais également quand la température ambiante est élevée, comme, par exemple, pendant certaines journées d'été chaudes.

Dynamique mentale

Après une profonde relaxation, visualisez un panneau blanc. Au centre de ce panneau, il y a différents cercles concentriques, dont le plus petit est de la taille d'une pièce de monnaie et le plus grand d'un diamètre d'environ 0,5 m (les dimensions sont données à titre indicatif).
Les cercles sont bleus. Maintenant le plus grand cercle disparaît du panneau; au bout de quelques secondes, un autre cercle bleu disparaît, et ainsi de suite.

Au fur et à mesure que les cercles disparaissent, la température de votre corps diminue.
Lorsque le dernier cercle aura disparu, la température de votre corps aura atteint un degré idéal.

Pour augmenter la température

Un très bon système pour augmenter la température du corps est celui de la respiration contrôlée. Avec cette méthode, on peut réchauffer tout le corps.
On commence par un exercice de relaxation; ici le plus indiqué est celui de la rose.
Après la relaxation, visualisez la couleur rouge, inspirez et expirez uniquement par les narines.
La respiration doit tout d'abord se faire rapidement, puis plus lentement. Respirez rapidement environ 30 secondes, ensuite respirez lentement et profondément encore 30 secondes.
Continuez ainsi jusqu'à ce que vous sentiez une agréable sensation de chaleur dans tout le corps.

Réchauffer un membre

Pour réchauffer un bras, il faut visualiser un cordon rouge avec un nœud. Le cordon part de la tête, à la base de la nuque, descend vers le bras, le longe entièrement et le dépasse, ensuite il recommence depuis la nuque jusqu'à la main.
Continuez à visualiser ce cordon jusqu'à ce que vous sentiez une agréable sensation de tiédeur.
Si, au contraire, vous voulez réchauffer vos pieds, le cordon commencera au plexus solaire (sous le sternum) et se dirigera vers le bas-ventre; à l'aine, il se divisera en deux et

traversera les deux membres inférieurs, jusqu'à dépasser les pieds.
Continuez jusqu'à obtenir l'effet voulu.

Dynamique mentale

Visualisez un panneau jaune avec, en son centre, un cercle rouge. Maintenant, à côté de ce cercle, vous en ajoutez un deuxième et ainsi de suite. Au fur et à mesure que les cercles deviennent plus nombreux la température augmente; vous sentez une agréable tiédeur vous envahir. Votre corps se réchauffe lentement; plus les cercles sont nombreux plus la chaleur augmente.
Quand vous aurez placé le dernier cercle rouge, votre corps sera agréablement réchauffé et vous serez parfaitement bien.

Visualisation

Si c'est possible, allumez une lampe rouge et une lampe jaune. Faites une relaxation profonde. Celle de la rose convient parfaitement. Respirez profondément, uniquement par les narines, et gardez la bouche fermée. Concentrez-vous et visualisez un nuage rouge, qui vous enveloppe lentement. Vous êtes plongé dans ce nuage, dans cette couleur rouge.
Peu à peu vous sentez que la température de votre corps commence à augmenter; plus vous vous concentrez sur ce nuage et plus vous êtes pénétré par une agréable sensation de tiédeur. C'est comme si vous étiez devant une cheminée où brûle un feu de bois qui crépite joyeusement.
Vous vous sentez très bien, vous percevez cette chaleur qui vous met totalement à votre aise. Cette chaleur envahit tout votre corps. La température continue à monter, vous continuez à visualiser le nuage rouge; peu à peu, l'agréable

sensation de douce chaleur vous rend joyeux et vous redonne de la force.

Suggestion visuelle

Après l'habituelle relaxation et après l'approfondissement, vous répétez mentalement 5 fois la phrase suivante: "Mon bras droit se réchauffe toujours plus"; ensuite "Je sens une agréable chaleur dans mon bras droit".
Lorsque vous avez obtenu le résultat recherché, vous déplacez la sensation de chaleur dans tout votre corps en répétant mentalement 5 à 7 fois la phrase suivante: "Je sens une agréable chaleur dans tout mon corps".

Plexus solaire

Le contrôle de la température peut être effectué par l'emploi du chakra hypogastrique (placé sous le sternum). Après avoir atteint un très bon niveau de relaxation, mettez votre main sur votre plexus solaire et pensez que cette zone est en train de se réchauffer.
Continuez ainsi pendant 10 à 15 minutes jusqu'à ce que vous ressentiez une nette impression de chaleur dans cette zone. A ce moment, si vous voulez déplacer la sensation de chaleur dans une autre partie de votre corps, il vous suffit de mettre votre main gauche sur le plexus solaire et votre main droite sur la partie à réchauffer.
Les mains doivent être placées paumes sur le corps.
Toutes les méthodes décrites pour atteindre le contrôle de la température doivent être pratiquées pendant plusieurs jours ou plusieurs semaines, sans pour autant prétendre à un résultat immédiat. Afin que ces techniques fonctionnent parfaitement, vous devez en avoir un contrôle total.
C'est, en effet, uniquement par la constance et la persévérance que vous atteindrez l'objectif que vous vous êtes fixé.

CONTROLE DE LA TEMPERATURE - RESUME

Pour la diminuer

Lumière bleue:

— *Relaxation par la vague bleue - Visualisation de la neige.*
— *Dynamique mentale du panneau blanc et des cercles bleus qui disparaissent.*

Pour l'augmenter

Lumière rouge:

— *Relaxation par la rose - Technique de la respiration nasale.*
— *Cordon rouge qui part de la nuque ou du plexus solaire.*
— *Dynamique mentale du panneau jaune et des cercles rouges qui s'ajoutent les uns aux autres.*
— *Visualisation du nuage rouge et de la cheminée.*
— *Méthode de la suggestion verbale: "Je sens une douce chaleur dans mon bras droit".*
— *Technique du plexus solaire.*

Comment stopper les hémorragies

Les hémorragies sont stoppées par l'action de plaquettes contenues dans le sang. Les plaquettes sont sécrétées par la moelle osseuse et ont entre autres deux propriétés spécifiques: l'adhésivité et l'agrégation.
L'adhésivité permet aux plaquettes de coller aux bords de la blessure; l'agrégation leur permet au contraire de s'unir les unes aux autres, et de former une barrière provisoire, pemettant ainsi la coagulation du sang.
Les plaquettes ont une charge électrique négative; la même polarité se trouve dans les cellules qui forment les vaisseaux sanguins, les plaquettes sont ainsi normalement repoussées par les vaisseaux.
Mais, en cas de lésions, il y a changement de charge électrique: les parties blessées prennent une charge positive et attirent ainsi les plaquettes qui empêchent alors le sang de s'écouler. Par réflexe, il y a en même temps un ralentissement du courant sanguin, comme si la partie intéressée par la blessure était isolée du reste de la circulation.
Normalement, le sang se coagule plus rapidement vers midi et moins rapidement vers minuit.
Pour accélérer ce processus, il existe plusieurs techniques, mais chacune d'elles exige beaucoup de concentration.
S'il s'agit d'une blessure aux membres, il est conseillé de les lever pour que le sang afflue difficilement dans cette zone.

On respire ensuite profondément et lentement (comme pour la relaxation) en visualisant la couleur bleue. Il faut respirer ainsi pendant deux ou trois minutes, afin de diminuer la tension et la peur qui peuvent (comme agents psychiques négatifs) augmenter de 30 à 40% la douleur ressentie. De plus, par réflexe, il y a une diminution des battements du cœur; avec par conséquent la diminution progressive de l'afflux de sang dans la partie blessée.
De toute façon, il faut toujours limiter les mouvements afin de ne pas augmenter l'envoi de sang dans la zone intéressée.
Parvenu à ce stade, il faut penser à fixer la blessure. On visualise un cordon bleu qui sera placé en profondeur, dans le substrat profond de la zone en question.
Ce cordon bleu, auquel on a fait mentalement un nœud qui sert de référence pour le parcours, doit partir de la blessure, descendre ensuite vers le centre du corps et arriver au cœur, effectuant ainsi un certain trajet.
La respiration profonde et la visualisation doivent être faites plusieurs fois.
Un deuxième système consiste à imaginer une spirale bleue qui tourne rapidement autour de la blessure dans le sens contraire des aiguilles d'une montre.
Il existe encore une méthode différente qui consiste à envoyer le sang du bras blessé à l'autre bras, comme s'il existait un canal, un petit ruisseau les unissant.
Par exemple, si la blessure est dans la main droite, vous imaginez que vous la reliez à la main gauche par un canal. En même temps que le petit ruisseau, on visualise une digue, faite de troncs, de branches, etc., qui représente un obstacle en amont de la blessure, c'est-à-dire entre la blessure et le cœur. Après quoi, on visualise l'eau du ruisseau qui commence à réduire son niveau dans la zone de la digue, ralentissant ainsi son cours.
Ainsi par loi d'analogie, la blessure fera la même chose.

Le flux du sang ralentira jusqu'à ce que l'hémorragie ait complètement cessé.

Cicatrisation des blessures

Ces exercices ne doivent être faits qu'une fois par jour. Ils servent à faire arriver plus de sang dans la zone blessée pour que la guérison se fasse plus vite. On peut les commencer le jour suivant celui de la blessure.

Il faut tout d'abord atteindre un état de profonde relaxation. On visualise ensuite un cordon rouge avec un nœud blanc qui part de la partie supérieure du bras s'il s'agit du bras, ou du plexus solaire, s'il s'agit de la jambe, et se dirige vers la blessure, en "l'arrosant" de sang.

Une autre méthode consiste à visualiser une spirale rouge qui tourne autour de la blessure, dans le sens des aiguilles d'une montre.

Nous avons ainsi passé en revue quelques techniques; choisissez celle qui vous paraît la plus appropriée. Dans tous les cas, il est indispensable de faire une bonne relaxation et surtout d'avoir une bonne concentration pour parvenir à une bonne visualisation des images et des mouvements à imaginer.

L'analgésie

Avec les techniques d'analgésie, on peut arriver à contrôler et à éliminer la douleur. Avant d'en décrire le mécanisme il est bon de s'intéresser un peu à l'importance de la douleur.
La douleur est une sonnette d'alarme utile et même indispensable; qu'adviendrait-il de nous si la nature ne nous avait pas fourni de terminus nerveux qui envoient le message de la douleur au cerveau. Pensez un instant à ce que serait la vie sans la perception de la douleur. Nous pourrions tenir en main un fer brûlant sans nous rendre compte que nous sommes en train de nous brûler. Nous pourrions nous blesser avec un couteau sans le savoir, être victime d'un empoisonnement et continuer à manger normalement, etc.
La douleur nous signale quelle partie de notre corps est atteinte; elle nous est donc très utile.
Les terminus nerveux préposés à l'envoi du message douloureux sont plus nombreux dans les parties de notre corps plus vulnérables et plus importantes.
Ainsi au cou et à l'aine, la perception de la douleur est plus active qu'à la paume des mains. Les tissus des artères de la tête sont très riches en terminaisons nerveuses (sources des fameuses migraines). Ces terminaisons ont comme unique fonction d'envoyer des informations au cerveau. C'est le cerveau qui accepte l'information, l'élabore et transmet la véritable sensation de douleur, envoie les différents mes-

sages aux nombreuses parties du corps afin que soient sécrétées les substances immunologiques, les hormones, les plaquettes en cas de blessure, etc.

Le cerveau contrôle activement et automatiquement la douleur en sécrétant des hormones semblables à celles opiacées comme par exemple la morphine. Produites par le cerveau et par certains organes périphériques, elles agissent principalement sur les parties sensibles du cerveau et contrôlent la perception de la douleur. Celui qui se drogue avec de la morphine ou des drogues similaires devient plus sensible à la douleur car le cerveau perd sa capacité de produire des hormones exactement dosées pour contrôler le seuil de la douleur.

Mais est-il possible d'autogénérer de telles substances pour la transe hypnotique?

Nous savons que par l'hypnose et l'auto-hypnose de véritables modifications physiologiques se font jour dans l'organisme. Le patient sous hypnose est capable de produire certaines substances en plus grande quantité; dans le cas de suggestions pour dissoudre un petit calcul rénal, il produira des diurétiques.

Ce ne sont pas des hypothèses, mais des faits réels, prouvés scientifiquement par l'intermédiaire d'analyses de sang de patients soumis à l'hypnose et à l'auto-hypnose.

Chacun de nous aura noté comment les footballeurs se ressaisissent après une chute brutale ou comment un boxeur réussit à terminer un combat même s'il reçoit des coups de son adversaire. Une personne peut, de la même façon, continuer à courir même en étant blessé par des balles. Ici il est évident que l'esprit intervient et diminue ou annule la sensation de douleur.

Tout ce discours introductif a été nécessaire pour faire comprendre qu'il ne faut utiliser les techniques d'analgésie auto-hypnotique que lorsque l'on ne peut faire autrement,

en en évaluant bien tous les avantages et les inconvénients. Si, par exemple, vous voulez supprimer un mal de dents, le plus sage est de courir immédiatement chez le dentiste pour soigner ou arracher la dent cariée. Mais si vous ne pouvez vous y rendre avant deux ou trois heures, vous pouvez avoir recours, pour un temps déterminé, à l'analgésie hypnotique, plutôt que de vous abreuver de cachets.
Dans ce cas, vous ferez des suggestions limitées dans le temps, c'est-à-dire que la douleur cessera, par exemple, pendant deux ou trois heures.
Lorsque la douleur est, au contraire, due à une blessure, tout particulièrement au pied, il est conseillé de ne pas supprimer cette douleur. Prenez l'exemple d'une luxation de la cheville; si vous pratiquez une analgésie hypnotique ou autre, vous continuerez à appuyer complètement sur votre pied, et vous ne sentirez aucune douleur. Mais ainsi vous en compromettrez la guérison car au lieu d'aller mieux et de guérir, votre pied risquera une affection plus importante. Paradoxalement, au lieu de soulager la douleur, vous pourriez irrémédiablement nuire à votre pied.
Ce dernier exemple est naturellement exagéré, mais j'ai voulu le mentionner pour mettre justement en évidence combien l'emploi de l'analgésie est délicat et dangereux.
Au contraire, dans certaines maladies l'unique but que l'on souhaite et surtout que l'on puisse atteindre est l'élimination de la douleur, comme par exemple pour les arthroses et les douleurs chroniques.
Dans ce cas, la douleur n'est pas seulement un symptôme, mais une vraie maladie, et comme telle on peut la soigner par tous les systèmes traditionnels (médicaments) ou mentaux (hypnose).
De toute façon, la relaxation, seule, peut diminuer les sensations douloureuses de 30%, car la douleur psychologique disparaît. La douleur psychologique est la douleur créée par

l'anxiété et la peur (la peur à la vue du sang et d'être blessé gravement sont typiques).

Dans certains cas la relaxation fait disparaître totalement la douleur lorsqu'elle est due à la tension nerveuse. En effet, le mal de tête est provoqué dans 60% des cas par la contraction des muscles de la nuque, de la tête et du front. Cet effort fait affluer du sang dans cette zone, provoquant ainsi une dilatation des vaisseaux sanguins et donc la douleur physique.

Avec la psychosomatique, on essaie toujours de remonter à la cause de la maladie ou du trouble; la plupart du temps, on découvre que la cause est exclusivement psychologique. La recherche ne doit pas être tournée vers l'effet mais au contraire vers la cause. Le médecin, pour pouvoir soigner une maladie, doit remonter aux causes qui ont provoqué cet état pathologique, et procéder en même temps à l'anamnèse (renseignements fournis par le sujet sur son passé et l'histoire de sa maladie) avant de rendre son diagnostic.

Une personne peut avoir mal à la tête pour différentes raisons. Si après l'anamnèse et la visite médicale on découvre que le mal de tête découle du fait que cette personne n'a pas bien digéré son dernier repas, on arrive à connaître la cause (indigestion) qui a provoqué le mal de tête (effet).

Avec la psychosomatique, on ne s'arrête pas là. On cherche à savoir pourquoi le patient n'a pas digéré. On peut découvrir peut-être qu'une demi-heure avant le repas, il s'était disputé avec son conjoint ou avec son chef de service, etc. La psychosomatique essaie de découvrir les vraies causes dans la psyché et dans le corps.

Voyons maintenant certains systèmes appropriés pour créer l'analgésie. On obtient l'analgésie après l'approfondissement ou, encore mieux, après la visualisation du pré.

En cas de blessure, il faut tout d'abord stopper l'hémorragie et ensuite, si nécessaire continuer par l'analgésie.

Test d'analgésie

On serre le poing de la main gauche, on ouvre les yeux et on fixe intensément le dos de cette main en pensant à des suggestions de ce genre: "Maintenant, votre main gauche devient totalement insensible à tout stimulus externe, aucune excitation externe ne sera ressentie par votre main. A partir de maintenant, vous avez interrompu la communication entre votre cerveau et votre main; votre main est complètement insensible, parfaitement insensible".
En même temps il est conseillé de taper un peu sur votre main jusqu'à ce que vous ne sentiez plus rien. Votre main devient rigide et immobile.

Méthode du transfert

Maintenant, on effectue le transfert de l'insensibilité en mettant le dos de la main anesthésiée (contact épidermique), toujours fermée, sur la zone à désensibiliser et à l'aide de ces suggestions: "A partir de maintenant, cette impression d'anesthésie sera transférée sur la partie touchée par votre main insensible". Compter jusqu'à 20 et répéter les suggestions du transfert, en indiquant également combien de temps doit durer l'analgésie, par exemple, "pendant trois heures votre joue sera insensible, etc.".

Méthode de la délimitation

Cette méthode permet de délimiter la zone que l'on veut anesthésier. On fait mentalement avec son doigt un cercle autour de la partie douloureuse qu'on veut insensibiliser.
On introduit ensuite les suggestions d'analgésie nécessaire, en procédant de la même façon que dans le premier test.

Méthode du froid

Il faut imaginer qu'on met de la glace sur la partie douloureuse, et sentir toutes les sensations de froid qui sont transmises à l'épiderme, et ensuite encore plus en profondeur.
Continuer cette visualisation jusqu'à ce que toute sensation de douleur ait disparu.
Cette méthode est contre-indiquée en cas de douleurs articulaires, d'arthroses, de douleurs abdominales et de gastralgie.

Emploi du symbole commutateur

Ici chacun peut programmer un symbole ou un mot-clé qui servira exclusivement à créer instantanément l'analgésie. Voir le chapitre sur le symbole commutateur.

Différentes visualisations

Mal de tête

Visualisez une bande métallique, à la hauteur de votre front, qui serre toujours plus votre tête en la comprimant et en exacerbant la douleur que vous éprouvez. Concentrez-vous sur cette bande métallique et rendez-vous compte que la douleur est causée par cette bande qui enserre votre tête. Maintenant commencez à relâcher l'étreinte, pensez que vous êtes en train de desserrer l'étau de la bande qui encercle votre tête, peu à peu votre front se libère. Vous remarquez que progressivement la douleur cesse. Toutes les sensations désagréables disparaissent complètement. Maintenant, votre front est complètement libre et vous vous sentez très bien.

Différentes douleurs

Visualisez la zone douloureuse et pensez que vous êtes en train de l'envelopper d'une large bande d'étoffe bleue.
A chaque tour de bande, la sensation de douleur diminue toujours plus, au dixième et dernier tour, vous êtes parfaitement bien.

Mal de dent

Pensez que vous êtes en train de faire s'écouler le sang de cette zone, ou de faire refroidir cette zone douloureuse avec de la glace; ou encore utilisez les méthodes de transfert de l'analgésie.

Mal d'estomac

Il faut envoyer de l'énergie vers l'estomac, donc pensez à un cordon rouge allant du cœur à l'estomac, irriguant beaucoup plus cette partie afin d'aider la digestion. Cette technique est toutefois contre-indiquée à celui qui souffre de gastrite ou d'ulcère parce qu'elle aggraverait la situation. Dans ce cas il faut penser que l'on envoie du bleu, comme si tout l'estomac était enveloppé par un nuage bleu. Enfin, pour faciliter la digestion, on peut contrôler les mouvements péristaltiques et segmentés de l'estomac, en visualisant la couleur rouge et le tube digestif. On imagine qu'avec des mouvements constants et lents, il se restreint et se dilate comme si une vague partait chaque fois de l'extrémité supérieure et finissait à l'extrémité inférieure de l'estomac.

Le baptême des organes

Le baptême des organes signifie être en syntonie parfaite avec les différentes parties de son corps, que l'on connaît généralement assez mal. Notre corps est constitué de milliards de cellules, et chacune d'elles est un être vivant à part entière qui communique avec le monde extérieur, emmagasine des informations, raisonne, pense et vit consciemment. A chaque instant, des millions de cellules de notre corps meurent tandis que d'autres naissent.

Notre corps est comparable à un petit univers dans lequel une myriade d'êtres, les cellules, naissent, se reproduisent, vieillissent et meurent. Les cellules ont des dimensions et des formes différentes et chaque cellule est spécialisée dans une fonction. Par l'union de cellules si différenciées, on obtient un ensemble, base de tout être vivant, tant végétal qu'animal.

Chaque groupe du même type de cellules (cœur, foie, peau, sang, etc.) est un être doté d'un esprit pensant.

Il existe ainsi l'esprit cellulaire et l'esprit de l'organe ou de groupe.

Chaque esprit a un niveau d'intelligence ou, plus exactement, d'évolution différent; par exemple l'esprit du cœur est plus évolué que celui du foie, celui du cerveau encore plus que celui du cœur.

Dans l'antiquité, en fait, on avait l'habitude de dire qu'on pensait avec le foie ou avec le cœur; c'est seulement plus tard qu'on émit l'hypothèse qu'on pensait avec le cerveau. Aujourd'hui encore, on dit beaucoup: “Je pense à toi de tout mon cœur”.

Platon affirmait que l'esprit de l'homme était triple et que ses trois sièges étaient le foie (esprit sensible), le cœur (esprit rationnel) et le cerveau (esprit conscient).

Même dans le yoga, on considère que le corps est un ensemble de nombreux autres êtres (microcosme) et que l'homme peut par sa volonté communiquer avec eux. Le contrôle de l'esprit sur le corps est l'un des premiers messages du yoga. L'esprit, partie d'un Esprit Unique et Suprême, occupe l'intérieur de notre corps et peut entrer en syntonie avec chacune de ses créatures, cellules ou organes. L'activité involontaire peut en réalité ne pas exister si toutes les actions de notre corps sont guidées par l'esprit.

Connaître l'esprit d'un organe et réussir à communiquer avec lui signifie comprendre ses nécessités, le stimuler, l'aider et en même temps être toujours plus conscient de son propre corps, à tel point que dans les moments de besoin, on peut commander à ses organes d'augmenter ou de diminuer leur activité, selon le but qu'on veut atteindre.

Ainsi si l'on veut que son cœur batte calmement et régulièrement, on entre en contact avec lui, on lui envoie les ordres appropriés. C'est la même chose pour les fonctions hépatiques, rénales, digestives, etc.

Commençons par la partie externe de notre corps; nous savons tous comment sont faits nos mains ou notre visage, mais nous ne savons pas comment sont faites d'autres parties, surtout les parties postérieures comme par exemple le dos, le cou, les fesses.

La peau est notre vêtement, c'est une enveloppe où sont projetés toutes les impressions mentales, les troubles des organes profonds. Tout changement de l'épiderme (rougissement, pustule) est le signe que quelque chose ne va pas en nous. Bien souvent il s'agit d'une pensée ou d'une peur (le fard de la timidité est typique).

La peau nous protège; par elle nous entrons en contact avec le monde extérieur. Apprenez à bien l'observer dans ses moindres détails, ne laissez aucune zone dans l'ombre, aidez-vous d'une glace.

Vous vous rendez alors compte que cet ensemble de détails, que ce revêtement c'est vous, "être indivisible et suprême". De cette façon, vous apprenez à mieux connaître votre corps, à en apprécier la forme, le fonctionnement; vous remarquez que chaque détail est à la juste place pour obtenir l'harmonie de la silhouette et des mouvements.

Portez maintenant votre attention sur l'air que vous respirez. Ecoutez les bruits de l'inspiration et de l'expiration.

Bouchez-vous les oreilles pour ne pas entendre les bruits extérieurs. Tandis que vous entendez le bruit de l'air qui circule dans vos poumons, vous entrez en syntonie avec vous-même.

Imaginez vos poumons qui se dilatent et se contractent comme deux soufflets, de façon rythmique et régulière.

Ensuite écoutez les battements de votre cœur et les bruits de votre estomac.

Pour être en syntonie avec vos organes internes, vous devrez, avant toute chose, prendre soin d'eux, ce qui signifie une nourriture saine, sans aliment superflu ou dangereux. Si vous ne respectez pas cette règle, c'est comme si vous demandiez un service à une personne que vous avez insultée ou frappée.

Il est également impératif de cesser de fumer.

Choisissez une pièce tranquille; après avoir pratiqué l'approfondissement, vous entrez en contact avec l'organe que vous voulez baptiser, le cœur par exemple. Vous pensez à sa forme et à sa fonction; vous dites: "Cœur, pendant très longtemps je t'ai oublié tandis que tu m'as été d'un grand secours. A partir de maintenant nous serons en parfaite syntonie; chaque fois que je voudrai entrer en contact direct avec toi, je t'appellerai en répétant ton nom trois fois de suite. A partir de maintenant tu t'appelles..." (donner un nom peu commun). Il est aussi utile de frapper la zone où se trouve l'organe.

Pour bien visualiser les organes internes, il est utile au début d'utiliser des manuels d'anatomie.

Quand vous le pouvez, isolez-vous, ne serait-ce que pour cinq minutes (au moins une fois par jour) dans un lieu tranquille, dans la pénombre, et apprenez à vous connaître davantage.

Après être entré en syntonie avec votre corps, entrez en harmonie avec votre esprit. Repensez aux problèmes qui vous assaillent, qui vous rendent tendu, anxieux, et de mauvaise humeur. Ces pensées négatives sont une projection du passé, d'un monde qui n'existe plus et dont vous continuez à garder le souvenir.

Il est stupide et négatif de vivre dans le passé.

Renouvelez-vous, nettoyez-vous, annihilez vos tensions, transformez les peurs en joie, le pessimisme en pensées positives.

Vivez au présent, projetez-vous dans le futur, ne vous arrêtez pas au passé sinon vous serez toujours en retard, en dehors de la réalité qui vous échappe ou vous apparaît déformée. Nous sommes notre pensée; pensons du bien de nous et des autres et le monde nous paraîtra différent.

Le contrôle du cœur

Le cœur représente, dans son essense, la vie même.
C'est un organe infatigable et laborieux, il continue à battre jusqu'au moment de la mort.
Le cœur est de la taille du poignet de chaque être.
Chaque jour, il pompe (chez un adulte) environ neuf mille litres de sang qui touche chaque partie de notre corps par l'intermédiaire de l'aorte. Il accomplit donc une action indispensable à la vie. On peut le comparer à deux pompes, mises côte à côte, et qui travaillent en même temps.
Dans l'oreillette droite arrive le sang veineux de la circulation périphérique, il est ensuite envoyé dans le ventricule droit. Puis, il est rejeté dans l'artère pulmonaire et dans les poumons où il déverse son gaz carbonique et prélève de l'oxygène.
Le sang riche en oxygène, rouge vif, retourne alors au cœur, dans l'oreillette gauche (beaucoup plus grande que la droite) d'où il est envoyé dans le ventricule gauche qui en se contractant le pousse vers l'aorte et ensuite, par l'intermédiaire d'un réseau d'artères, vaisseaux et capillaires, à travers tout le corps.
Grâce aux contractions du cœur, il y a un mouvement de flux et de reflux qui alimente chaque cellule de notre corps et qui ramasse les déchets.
Le cœur bat grâce à une stimulation électrique, environ

soixante-dix fois à la minute, créé par le nœud oreillette-ventricule placé dans la partie droite du muscle. Il y a deux nœuds: l'un dans l'oreillette et l'autre dans le ventricule. L'impulsion ne vient pas du cerveau mais du cœur même; à tel point qu'il continue à battre même lorsqu'on coupe les nerfs, contrairement à tout autre muscle qui reste alors paralysé.

Dans l'antiquité, le cœur était considéré le centre du corps humain. Chez les Egyptiens, lorsqu'on embaumait un cadavre, c'était le seul organe qu'on laissait dans le corps momifié, parce que les anciens considéraient que le cœur était le siège de l'âme, des sentiments. Même dans le christianisme, le cœur représente la chaleur, l'amour; en fait, l'image du cœur du Christ symbolise l'Amour Divin.

De tous nos organes, le cœur est celui dont nous sentons le plus la présence. Nous l'entendons battre en appuyant la main sur le thorax, surtout après un effort. Nous sentons son mouvement rythmique qui fait vibrer notre cage thoracique.

Le cœur est son, rythme, mouvement, action et dynamique. La peur et la joie résident en lui; en fait, ses battements varient selon les états émotionnels.

Nous comprenons ainsi que notre cœur est étroitement lié à notre esprit, c'est sûrement l'organe qui ressent le plus nos états d'âme. Les sages affirmaient que l'esprit rationnel avait sa place dans le cœur, qu'il servait de trait d'union entre l'esprit sensitif (qui est dans le foie) et l'esprit conscient (qui demeure dans le cerveau).

Son action principale a donc une importance considérable puisqu'il sert d'intermédiaire entre ce qui est sur terre (le corps, les instincts) et ce qui ne l'est pas (la conscience, la spiritualité).

Le cœur est constamment lié à l'esprit et il est toujours en parfaite syntonie. Une émotion, une joie, une pensée, un souvenir, agissent directement sur lui et accélèrent ou ralentissent son rythme. Le cœur est un muscle que l'on peut commander à volonté, il suffit de s'entraîner. Par sa structure, le cœur est un muscle semblable aux autres muscles involontaires; bien que strié, il possède un type de fibres propres aux muscles lisses ou involontaires.

Normalement, le cœur se repose à chaque battement en utilisant le double de temps de la phase active. C'est à ce moment que le cœur reposera, la prise de tension minimale est très importante; si celle-ci est trop élevée, il y aura un surplus de travail cardiaque et il vieillira rapidement.

Etant un muscle, il est important que le cœur fonctionne efficacement de telle sorte que ses fibres ne soient pas soumises au stress.

L'élimination des tensions nerveuses est capitale, sinon avec le temps il risque de se créer des handicaps irréversibles.

Quand nous sommes tendus ou anxieux, les glandes surrénales sécrètent une plus grande quantité d'adrénaline, qui stimule la contraction des artères et soumet donc le cœur à un effort excessif. En conséquence, il arrive moins de sang dans les tissus du muscle, provoquant ainsi une réelle douleur, comme une crampe par exemple.

De plus, lorsqu'on est tendu, le foie se contracte et sécrète plus de cholestérol qui durcit les artères et prédispose à l'infarctus. Le cholestérol est également contenu dans les matières grasses, les œufs, la crème, le lait et le beurre.

Encore une fois, nous avons fait remarquer que la chose la plus importante pour avoir un cœur en bonne santé est la tranquillité et la relaxation; donc avant toute chose: *Vivons détendus*.

Pour alléger le cœur de l'énorme travail qu'il doit faire chaque jour, et avoir des fibres musculaires plus détendues, il faut exécuter une bonne respiration (voir chapitre sur les techniques respiratoires) principalement celle abdominale

(diaphragmatique) car en plus de son action calmante, elle opère un très bon massage sur le cœur.
Le cœur et les poumons agissent ensemble; le sang s'oxygène dans les poumons en relâchant son gaz carbonique. Nous savons également que l'acte respiratoire peut être volontaire ou involontaire. Avec la respiration contrôlée, on peut agir directement sur le cœur. En effet, si vous essayez de respirer une dizaine de fois rapidement, vous noterez immédiatement que les battements deviennent plus rapides. Cependant, cette méthode n'est pas conseillée puisqu'elle n'entraîne aucune attitude auto-contrôlée; c'est uniquement une action due à un comportement physiologique (respiration accélérée).
Il faut, au contraire, atteindre le contrôle mental de son cœur, afin d'être en parfaite syntonie avec lui.
Avant de commencer les exercices à proprement parler, il faut sentir la présence du cœur; certains patients la sentent tout de suite et très bien, d'autres pas du tout.
Il faut découvrir qu'on a un cœur, situé dans le thorax, en écouter le bruit, ou plutôt les deux bruits, nettement différents l'un de l'autre. Le premier est actif (systole), et a lieu quand se fait la contraction musculaire et que le sang rentre dans la circulation artérielle. C'est un bruit net, plein de force, de vigueur, suivi d'une pause pendant laquelle le cœur se repose. Le second bruit a lieu lorsque le myocarde (muscle cardiaque) se relâche.
On peut sentir ce rythme régulier, sûr, actif, symbole de la vie.
Il existe un troisième bruit, que l'on entend pendant la phase de repos total. Entre une contraction et un relâchement, il y a un bref moment de pause, essayez de le percevoir. Son mouvement est triple, comme l'est la Création qui par un geste d'amour a engendré la vie, symbole de l'ère quaternaire. Ainsi le cœur, représentant l'acte de création de notre

Nous éliminons
la timidité
(figure 4)

Les autres sont
comme nous
(figure 5)

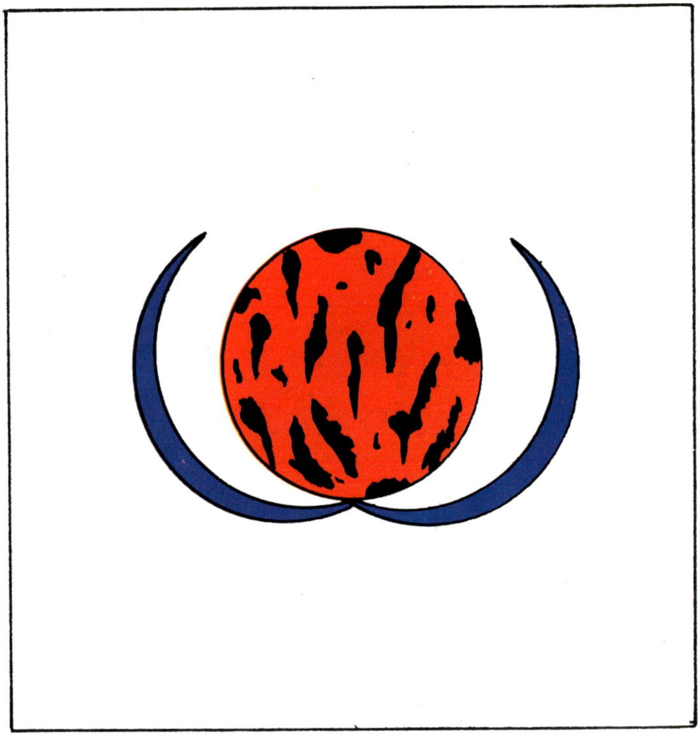

Tout le monde est timide
(figure 6)

corps, conduit le sang vers des millions de cellules, êtres vivants et pensants qui font partie de l'univers microcosmique de l'homme.
En vous entraînant, vous entendrez des dizaines d'autres bruits différents; vous prendrez conscience du bruit des valves en demi-lune qui se ferment, du sang qui effleure l'oreillette droite pour passer ensuite dans le ventricule, puis aux poumons et retourne vers le cœur.
Avec un certain entraînement, vous réussirez à entendre "sa voix" dans tout votre corps; du visage aux doigts de la main, de l'aine à la pointe des pieds.
C'est la vague rythmique et régulière du sang, de l'âme, de l'essence de la vie, qui comme les océans, les mers, les fleuves, les torrents, les ruisseaux apporte la nourriture à la partie solide du corps.
Sentir ces sensations, les vivre passivement en en prenant conscience signifie se connaître davantage et comprendre peut-être pourquoi le corps est une immense source de sagesse.

Comment ralentir les battements du cœur

Il faut commencer par une relaxation totale, en utilisant de préférence la visualisation de la plume (voir chapitre sur la relaxation psychophysique). Après la relaxation, pratiquez l'approfondissement.
Le milieu sera toujours le même, c'est-à-dire calme et détendu. Si vous voulez faciliter l'exercice, vous devez éclairer la pièce avec une lumière *vert pâle*, car cette couleur correspond exactement à la fréquence cardiaque (*chakra* cardiaque).
A chaque couleur correspond un son, pour le vert il s'agit de la note *Fa*.

Une méthode simple pour ralentir les battements du cœur consiste à écouter la note rythmée par le nombre de battements que l'on veut atteindre. Si on veut porter les battements de son cœur de 70 à 60, il faut synchroniser la note sur 60 sons à la minute.
A priori ceci est possible si on enregistre le son sur une bande magnétique. Au lieu du *Fa*, on peut utiliser un métronome, toujours de la même façon. Au début il est conseillé de ne diminuer que légèrement le nombre des battements (3-4 à la minute).
L'idéal serait d'entendre les battements du cœur avec un stéthoscope ou un visualisateur électronique. De toute façon, appuyer sa main droite sur le thorax, dans la région du cœur, peut suffire.
Si vous avez réussi à être à l'écoute de votre cœur, l'exercice se simplifie considérablement.
Quoi qu'il en soit, lorsqu'on fait les premiers exercices, il faut qu'une autre personne vous prenne le pouls, car faire deux choses en même temps (porter son attention sur le cœur et contrôler les battements) est difficile. Après avoir pratiqué la respiration profonde, on fait pendant quelques minutes la respiration abdominale, ensuite on passe à la respiration normale, passive, et on visualise son corps en portant toute son attention sur la partie en haut à droite.
Une autre méthode consiste à fixer des yeux sa main gauche, en imaginant qu'il s'agit de notre cœur.
A ce moment (dans les deux méthodes), il faut penser à ralentir les décharges électriques; pour cela, visualisez deux lames de métal doré qui s'approchent, s'éloignent et étincellent à chaque fois.
Une autre système consiste à visualiser un cordon vert lumineux qui part du cœur et se dirige vers le plexus solaire. Ce cordon vert part de l'intérieur du cœur et s'engage dans les profondeurs du plexus solaire en formant une liaison

continue. On imagine qu'on enlève au cœur son énergie lumineuse et qu'on l'envoie, par l'intermédiaire du cordon vers le plexus solaire, sans jamais l'interrompre.
Petit à petit, le cœur diminue ses battements. Pendant cette phase, la respiration doit être très lente et superficielle. Le ralentissement des battements doit au début être contrôlé chaque minute, pour permettre les comparaisons. Les premières fois que l'on fait ces exercices, les battements diminuent seulement de quelques unités, mais en compensation, on note un ralentissement notable entre un battement et le suivant.
Voici les premières expériences concernant l'auto-contrôle; vous êtes dans la même situation qu'un enfant qui commence à marcher. Cette dernière technique se base en fait sur une passivité complète; on commence par le traditionnel exercice de relaxation, suivi de celui de l'approfondissement; mentalement, cnfin, on répète cinq fois de suite la phrase suivante: "Le cœur bat de façon rythmée et régulière".
Dans ce cas, le but n'est pas le ralentissement en soi-même, mais l'aboutissement au calme et à la tranquillité.
La vérification d'un réel ralentissement ne doit pas devenir le but essentiel de l'exercice, mais un moyen pour obtenir ce calme et cette sérénité indispensables à la longévité du cœur.

Comment accélérer les battements du cœur

Nous avons dit qu'une émotion agit directement sur le cœur en en accélérant les battements.
En effet, les glandes surrénales sécrètent une plus grande quantité d'adrénaline, c'est une hormone importante qui, durant les moments d'alerte, accélère les battements cardia-

ques afin que le sang oxygéné arrive plus rapidement dans chaque partie du corps, et principalement aux muscles, pour qu'ils soient prêts à la fuite ou à l'attaque.
Au début, il est conseillé d'utiliser uniquement les méthodes de ralentissement ou de fonctionnement régulier du cœur. Puis, dans un deuxième temps on peut passer aux méthodes d'accélération (mais uniquement comme expérience d'auto-contrôle).
Pour accélérer les battements du cœur, il faut toujours agir dans le calme et la tranquillité complète, pour éviter la mise en circulation de l'adrénaline.
Donc, après avoir atteint le niveau normal de relaxation (il est conseillé d'utiliser la technique de la rose) et d'approfondissement, on pratique la respiration claviculaire en pensant à la couleur jaune.
Le rythme de respiration doit être très profond et assez rapide.
Au bout de quelques minutes, on revient à la respiration normale et on applique une des méthodes (au choix) opposées à celle du ralentissement. Ensuite, il faut synchroniser la note *Do* (qui correspond au *rouge*), agissant comme excitant et stimulant de la circulation sanguine. On peut également régler le métronome sur le nombre de battements que l'on veut atteindre. Au début, il ne devra y avoir que quelques battements en plus.
Il est également possible de se concentrer sur le poing gauche et de visualiser les deux lames de métal doré en pensant à accélérer les décharges électriques.
On peut aussi visualiser un cordon lumineux, rouge, mais, cette fois-ci il doit partir du plexus solaire et se diriger rapidement vers le cœur.
Une dernière méthode consiste à se répéter mentalement dix fois de suite la suggestion suivante: “Le cœur bat rapidement mais sans émotion”.

LE CONTROLE DU CŒUR - RESUME

Ralentissement

Respiration abdominale.
Relaxation par la plume.
Lumière verte; méthodes:
— *synchronisation sur le* Fa *ou métronome;*
— *visualisation du poing avec les lames qui ralentissent;*
— *cordon vert du cœur au plexus;*
— *suggestions verbales "Mon cœur bat de façon rythmée et régulière".*

Accélération

Respiration supérieure.
Relaxation par la rose.
Lumière jaune; méthodes:
— *synchronisation sur le* Do *ou métronome;*
— *visualisation du poing avec les lames qui accélèrent;*
— *cordon rouge du plexus solaire au cœur;*
— *suggestions verbales "Le cœur bat rapidement mais sans émotion".*

Comment arriver à ne plus fumer

Combien de personnes voudraient arriver à ne plus fumer mais reportent leur décision de jour en jour? La majeure partie des fumeurs souhaiteraient ne plus être dépendants du tabac mais n'y arrivent pas. Que fumer soit dangereux est désormais reconnu. Bien qu'il soit de notoriété publique que le tabac est un des facteurs du raccourcissement de la vie, que l'on ait fait état de preuves écrasantes, des millions de personnes n'arrivent pas à se défaire de cette manie qui, de nos jours, peut plus justement être qualifiée de vice.
Le problème le plus grave n'est d'ailleurs pas que la consommation de tabac contribue au raccourcissement de la vie, mais plutôt qu'elle soit la cause de troubles de plus en plus importants tels que: asthme, bronchite chronique, troubles de la circulation, maladies coronariennes, ulcères, artériosclérose... jusqu'à cette maladie épouvantable, mal de notre siècle, le cancer qui peut s'attaquer aux lèvres, aux poumons, au larynx, au pharynx, à l'œsophage, etc.
D'aucuns pourront objecter que la fumée de cigarette est, à tout prendre, moins nocive que l'action cumulée de celle des cheminées d'usines, pots d'échappement de véhicules... Mais le fait de fumer ou de ne pas fumer est une décision qui peut être prise à l'échelon individuel.
Celui qui fume peut affirmer qu'il l'a choisi librement et qu'il en accepte les risques, mais il est quand même respon-

sable du fait qu'il fait respirer aux personnes de son entourage la fumée de sa cigarette.

Il est tout de même contradictoire d'aimer les enfants, de vouloir tout faire pour les élever le mieux possible et de fumer en leur présence... Ne nous étendons même pas sur le fait de fumer pour une femme enceinte, ou en présence d'une femme enceinte, car tout le monde sait les risques de malformations et de rachitisme qui peuvent atteindre le fœtus. Le fumeur commet, inconsciemment ou pas, un acte de violence à l'égard de ceux qui l'entourent en fumant en leur présence. Je laisse le soin au lecteur de méditer quelque peu sur ce point.

La publicité joue un rôle non négligeable dans ce phénomène. Pour faire croire aux gens que l'on peut fumer à moindre risque, on commercialise des cigarettes dites "ultra-légères" qui remportent un énorme succès car l'homme veut croire en l'illusion que ces cigarettes sont moins nocives que les autres. Pour lutter contre la commercialisation du tabac, une campagne anti-tabac a fait se développer des médicaments ou des techniques divers: cachets, acupuncture, filtres, etc., qui ne donnent que très rarement des résultats réellement satisfaisants. De fait, aucune intervention extérieure ne peut agir bénéfiquement sur un individu qui n'a pas *décidé* d'arrêter de fumer. Quelles sont les raisons qui poussent un homme à fumer? Ce sont la timidité et l'insécurité.

Reconnaissez que le souvenir de votre première cigarette n'a rien d'agréable (bouche amère, étourdissement, nausée...), et pourtant suivent généralement une deuxième puis une troisième cigarette et ainsi de suite.

Il est vrai que la première cigarette a une grande importance psychologique car elle symbolise généralement le passage à l'état adulte.

Le rituel même de la cigarette est caractéristique: sortir le

paquet, prendre une cigarette, la placer entre ses lèvres, chercher son briquet, allumer la cigarette, remettre en place paquet et briquet, aspirer la fumée, puis la rejeter sont des actions qui prennent un certain temps et permettent ainsi à ceux qui manquent d'assurance de prendre un peu confiance en eux. Les théories psychanalytiques affirment que pour la plupart d'entre nous, la cigarette représente le sein maternel. En fumant, on retrouve le plaisir de la succion, le sentiment de sécurité du nouveau-né à l'abri dans les bras de sa mère. Le fait de fumer est donc le signe d'une plus ou moins grande immaturité et instabilité du fumeur. Certains fument aussi par désœuvrement, par énervement...
Avant d'entreprendre une action anti-tabac, il faut être absolument convaincu de son désir de ne plus fumer. Il est nécessaire de prendre conscience du mal que provoque le tabac. Comparez le plaisir que vous procure une cigarette et les dégâts qu'elle entraîne. Représentez-vous vos poumons, noirs de goudron; cela a de quoi vous dégoûter!
Chaque fois que vous allumez une cigarette, pensez à regarder votre filtre et sachez que la petite tache plus ou moins jaune que vous y voyez n'est rien en comparaison des substances nocives qui imprègnent vos poumons. Si vous aimez votre corps, si vous appréciez d'être en bonne santé, si vous êtes conscient du mal que provoque le tabac, vous devez arriver à vous dire: *Je ne veux plus fumer.*
A propos de la manie de fumer, Bernard Shaw disait: “La cigarette est ce petit rouleau qui a d'un côté une braise et de l'autre un idiot”.
On peut s'arrêter de fumer grâce à l'auto-hypnose, le tout est de le vouloir réellement. Il existe différentes méthodes et nous vous en présenterons deux. La première permet une diminution du nombre des cigarettes fumées dans la journée, c'est la *méthode douce.* Elle présente l'avantage d'une absence totale de traumatisme par la suppression progressive

du tabac. En revanche, elle présente l'inconvénient que la clé de contact reste toujours branchée et que le patient qui a réussi à limiter le nombre de cigarettes fumées quotidiennement risque trop souvent de rechuter, ce qui le décourage généralement et lui fait perdre l'envie de recommencer à se limiter.

La *méthode rapide* joue exclusivement sur la volonté du sujet. Elle permet de cesser de fumer en deux ou trois séances mais est adaptée aux personnes décidées, volontaires et courageuses.

La méthode douce

Commencez par la relaxation et l'approfondissement et continuez par les suggestions suivantes: "Visualisez un pré, l'herbe est verte, le soleil vous chauffe doucement de ses rayons. Vous marchez lentement à travers ce pré, vous respirez à pleins poumons l'air enivrant; c'est une très belle journée de printemps. Dans ce pré, vous vous sentez vraiment très bien, calme et détendu. Autour de vous, tout est beau, les arbres sont recouverts de feuilles nouvelles, de bourgeons à peine éclos, les oiseaux volent au-dessus de vous et gazouillent à qui mieux mieux. Le pré est parsemé de très jolies fleurs aux multiples couleurs.

A contempler ce spectacle enchanteur, vous vous sentez vraiment paisible et décontracté. Au loin, un ruisseau coule et vous percevez le ricochet des cailloux qui tombent dans l'eau. Plus loin, il y a même une petite cascade et vous allez boire cette eau fraîche, écumeuse, limpide. Maintenant, vous vous étendez sous un arbre. Vous êtes bien, vous n'avez aucun souci. Vous ne pensez ni à votre travail, ni au temps qui passe. Vous savourez le moment présent, vous êtes calme et détendu. Tout à coup, vous remarquez à vos côtés une cigarette qui a dû tomber de votre poche pendant que vous vous allongiez. Prenez-la dans vos mains et examinez-la attentivement. Essayez de distinguer ses différents composants. En fait, il n'y a qu'un peu de papier fin et quelques grammes d'herbe séchée. Concentrez-vous, il ne s'agit pas d'une herbe quelconque, inoffensive comme celle sur laquelle vous êtes allongé, mais d'une substance toxique, puissante, qui nuit à vos poumons et qui met en danger votre corps tout entier.

Maintenant, repensez à la première cigarette que vous avez fumée. Souvenez-vous des impressions que vous avez alors ressenties, de son goût âcre, fort, désagréable. Après quelques bouffées, vous avez eu la tête légèrement tournée par cette saveur écœurante et vous n'aviez pas vraiment envie de continuer, mais pourtant vous l'avez fait. Vous avez eu l'impression d'être plus grand, plus fort, plus sûr de vous. Vous avez ressemblé à ceux que vous vouliez imiter. Vous avez continué à fumer; c'est devenu une habitude et vous en êtes maintenant l'esclave.

N'est-ce pas ridicule d'être devenu complètement dépendant d'un si petit morceau de papier et de quelques bouts d'herbe? Maintenant pensez aux méfaits du tabac. Il diminue votre force musculaire, accélère les battements de votre cœur. C'est à cause de lui que vous êtes si essoufflé quand vous montez un escalier ou que vous courez pour rejoindre votre bus. La cigarette tue la saveur des aliments que vous consommez, intoxique votre foie et vous laisse la bouche amère et l'haleine chargée. Si seulement, vous pouviez voir au microscope les poumons d'un fumeur, si noirs, si tachés de goudron que vous en seriez dégoûté à jamais.

Dorénavant, chaque fois que vous aurez envie d'une cigarette, repensez à tout cela, aux dangers du tabac, au goût désagréable de la cigarette, avant que vous n'ayez pris l'habitude d'en fumer régulièrement..., vous comprendrez que fumer n'apporte rien, aucun plaisir et que vous continuez à fumer seulement parce que vous êtes devenu l'esclave de la cigarette, parce que vous êtes entré dans le cercle vicieux.

Au début, vous pourrez sucer des bonbons que vous laisserez à portée de votre main, mais très rapidement vous réaliserez que vous n'avez pas besoin d'avoir quelque chose dans la bouche pour ne plus avoir envie de fumer. Tout simplement, vous n'avez plus besoin de fumer et vous êtes suffisamment sensé et préparé pour réussir.

Chaque fois que vous résistez à la tentation, le refus suivant vous paraît plus facile et vous vous sentez de mieux en mieux.

Quand vous voyez des personnes qui fument autour de vous, sachez que vous leur êtes supérieur, car vous avez, vous, décidé d'arrêter de fumer, et vous n'êtes plus esclave comme eux. Pensez à la satisfaction que vous ressentez chaque fois que l'on vous offre une cigarette et que vous répondez: "Non merci, je ne fume plus"... Vous êtes alors reconnu, admiré, et vous êtes fier d'avoir gagné la bataille. Vous vous sentez si bien, si léger.

Maintenant, attention. Dès que vous allumerez une cigarette, vous n'en tirerez aucun plaisir, vous n'apprécierez pas son goût, elle ne vous apportera rien. A partir de demain, vous ne fumerez plus que X cigarettes (deux de moins que d'habitude) et le soir venu, vous en serez ravi.

Maintenant commencez les suggestions du réveil, comme par exemple: "Vous allez compter jusqu'à 20 et à 20 vous ouvrirez les yeux et serez totalement réveillé".

Etant donné que cet exercice est composé de suggestions longues et variées, vous avez intérêt à enregistrer ce discours sur un magnétophone, d'une voix douce et persuasive. Vous vous passerez cette bande tous les jours si possible et à chaque fois vous vous réduirez de 2 en 2 le nombre des cigarettes.

La méthode rapide

Première phase: relaxation

Asseyez-vous confortablement, jambes détendues, une cigarette près de vous, à portée de la main. Visualisez un beau ciel bleu, limpide. Relâchez tous vous muscles en respirant toujours profondément. (Faites cet exercice pendant sept minutes).

Deuxième phase: activité

Ouvrez les yeux et allumez la cigarette (il faut maintenant vous concentrer sur les dangers de la cigarette).
Visualisez un fleuve de goudron qui avance inexorablement vers vous, comme la lave d'un volcan en éruption; l'air est irrespirable à cause de la fumée et des vapeurs qui s'en dégagent, il fait chaud et vous ne vous sentez pas bien. Vous avez l'impression d'étouffer. A chaque bouffée, toutes ces sensations désagréables vous pénètrent.

Troisième phase: prise de conscience

Mettez-vous mentalement en contact avec vos poumons. Maintenant vous êtes capable d'éprouver les sensations de vos poumons. Vous êtes capable de les visualiser et de sentir toutes leurs souffrances. Les cellules de vos poumons sont asphyxiées et sont encore entourées par une sorte de gélatine jaune qui leur interdit de respirer: ce sont aussi des êtres vivants et elles souffrent énormément à cause de cette situation absurde dans laquelle elles se trouvent.

Quatrième phase: contrôle

Eteignez votre cigarette, si cela n'est pas déjà fait, détendez-

vous en respirant profondément. Maintenant à chaque expiration l'envie de fumer s'éloigne de vous; à chaque expiration cette absurde habitude s'éloigne; la volonté est désormais la plus forte: vous avez pris conscience que fumer est dangereux. Chaque expiration éloigne de vous cette mauvaise habitude et chaque inspiration vous remplit de santé et de sérénité.
Maintenant pensez uniquement à votre respiration et goûtez ces moments de recharge.

Cinquième phase: le résultat

Visualisez maintenant un beau ciel bleu, l'air est parfumé et des torrents coulent avec une eau très limpide. Tout est calme et tranquille, vous êtes serein et paisible dans ce monde net et propre. Ceci est la réalité. Vous vivez maintenant dans un monde plein de joie, de parfums, de santé. Vous vous sentez plus joyeux, plus optimiste. Vous avez envie de sourire, de vous féliciter car maintenant vous dirigez votre être et vous vous obéissez.

Dynamique mentale

Dans les deux cas pour renforcer les techniques (douce et rapide), on peut ajouter la dynamique mentale.
"Visualisez un panneau totalement rose, cet écran rose représente vos poumons, vos alvéoles pulmonaires.
Maintenant sur le panneau rose, il se forme de petits points gris foncé qui s'étendent, s'élargissent, envahissent et salissent toujours plus le rose du panneau.
Maintenant, le panneau est presque complètement gris, un gris sale, inégal.

Vous prenez conscience de ce qui s'est passé dans vos poumons. La belle couleur rose a cédé la place au gris qui bloque, obstrue vos poumons.
Restez un moment passivement à visualiser l'écran gris tandis que votre inconscient saisit le mal que vous vous êtes fait.
Maintenant vous faites quelques respirations profondes et vous visualisez l'écran gris qui lentement change de couleur, redevient rose, complètement rose, un beau rose propre, net, plein d'harmonie et de vitalité et qui vous détend.
Voici ce que vous devez faire si vous voulez vous arrêter de fumer. Vous vous plongez dans le rose et vous retrouvez sérénité, santé et joie de vivre".

Comment vaincre la timidité et l'insécurité

A la première réunion de mes cours d'auto-hypnose et de dynamique mentale, je demande à chaque participant la raison pour laquelle il s'est inscrit. 70% d'entre eux répondent: "Je veux être plus sûr de moi, je veux vaincre ma timidité". 20% répondent qu'ils veulent améliorer leur mémoire et leur volonté. 10% enfin donnent des réponses très variées.

L'homme est un être sociable et il doit se réaliser au milieu des autres hommes. De toutes les énergies présentes chez l'homme, l'énergie sociale est celle qui a un rôle prédominant; nous voulons aimer et être aimé, être compris; être utile aux autres, savoir que nous comptons pour eux.

L'homme se réalise en se projetant sur les autres. A quoi sert un château somptueux, un compte en banque fourni, si l'on est seul. Malheureusement, la solitude est un des maux de ce siècle. Lorsque je dis "être seul", j'entends par là la pire solitude, celle qu'on éprouve au milieu des autres.

On peut être seul en famille même avec femme et enfants. Combien de couples n'ont plus rien à se dire.

Ce n'est pas le nombre de personnes qui vous entourent qui détermine l'énergie sociale, mais la qualité de vos rapports avec eux, lorsque les autres partagent vos joies et vos souffrances, lorsque vous vous sentez utile à quelque chose et que vous pouvez compter sur l'aide d'autrui, lorsque vous êtes en communion d'idées avec les autres et que vous faites avancer un idéal collectif, lorsque vous trouvez un véritable ami (c'est si difficile de nos jours).

Notre société est toujours pressée, n'a plus le temps de sourire, de parler, n'a plus de temps pour les contacts humains.

On marche dans la rue pleine de monde, mais personne ne nous voit, ne nous parle; quelqu'un vous bouscule, mais continue à marcher sans s'excuser; vous vous rendez compte que pour les autres vous n'existez pas, que parfois même vous dérangez.

Ce sont les personnes âgées qui souffrent le plus de cette solitude et souvent on apprend que certaines d'entre elles se sont suicidées pendant des moments de désespoir. Bien sûr, ils ont des enfants, mais les enfants ont un travail, une famille et, c'est normal, des loisirs.

Les enfants se préoccupent uniquement de donner aux parents le chèque de fin de mois, ils croient ainsi donner beaucoup mais, au fond, ils ne donnent rien. L'homme qui est serein se réalise avec beaucoup d'amour et peu d'argent.

Mais la faute n'est pas toujours celle des autres; très souvent nous avons peur des autres, nous avons des difficultés à communiquer; cela s'appelle la timidité.

Certaines personnes adoptent inconsciemment un comportement différent de leur caractère naturel et se disent: "Etant donné que je ne réussis pas à communiquer, je m'imposerai".

C'est de cette façon que naît la violence, l'agressivité, l'imposition de ses propres idées par n'importe quel moyen.

Presque tous les jeunes font des bravades uniquement pour montrer aux autres leur personnalité, mais en réalité, ils sont timides. Ils défoulent ainsi leurs tensions intérieures. Une personne timide agit souvent comme si elle avait deux personnalités; dans son milieu, elle est sûre d'elle, elle s'impose; elle a des excès de colère pour établir, avec une certaine crainte, sa domination sur les autres. Mais dès qu'elle est dans un milieu inconnu avec des personnes qu'elle ne connaît pas, alors elle change, elle n'ose plus parler, donner son opinion, et quand elle le fait elle n'est jamais contente et pense faire des gaffes impardonnables. Toutes les phrases qui, avant, étaient claires et bien formulées dans son esprit, se brouillent. Certaines personnes en arrivent à bégayer.

Souvent, la personne timide peut avoir un effet négatif sur les autres, créant ainsi une impression de malaise et de gêne qui se transmet aux autres.

Les personnes timides tendent à s'isoler, à se mettre dans un coin, à éviter le contact direct avec les autres; si cette attitude n'est pas reconnue comme celle des timides, ces personnes sont alors considérées comme présomptueuses, égoïstes, et snobs.

Nombre de gens timides ont des complexes physiques; au milieu des autres, ils sont mal à l'aise à cause de leur nez proéminent, de leur calvitie, des kilos en trop ou de leurs grosses chevilles, etc. Ils pensent que tous leurs problèmes sont dus à ces défauts.

Ce ne sont que des excuses que l'inconscient se donne pour accepter la timidité, car on arrive parfois à se créer des défauts qui n'existent pas.

Combien de fois une personne a-t-elle tenté de vaincre ses problèmes, et ce faisant a provoqué une vraie crise de timidité; son cœur bat rapidement, sa peau transpire énormément, sa respiration est hachée (dyspnée) et elle ressent la nécessité de satisfaire ses besoins physiologiques.

Si vous y pensez, c'est vraiment ridicule d'en arriver là, et pourtant ce sont des réactions physiologiques normales pour une personne timide.

On peut même en arriver, dans les cas extrêmes, à penser au suicide, surtout lorsque les personnes qui sont autour se moquent de vous.
Dans ce cas, la vie est vraiment conditionnée et ruinée par des problèmes qu'on peut éviter.
Combien de personnes auraient pu faire des choses utiles pour elles-mêmes et pour l'humanité mais ne l'ont pas fait par peur de se jeter à l'eau.
C'est vraiment dommage de ne pas être comme on est vraiment et de vivre continuellement avec cette peur stupide.
Que faut-il donc faire pour résoudre ce problème?
C'est très simple. Si la personne timide comprend les raisons de sa timidité et se convainc de l'avoir dépassée, elle a résolu son problème; de personne silencieuse qu'elle était, elle devient un très bon orateur, de personne guidée elle devient guide.
Mais attention, vaincre la timidité ne veut pas dire être violent envers son prochain, faire peur et devenir agressif, cela signifie plutôt vivre sa propre vie, exploiter au mieux ses qualités.
Le comportement juste doit se faire dans la discrétion: exprimer son avis mais ne pas être envahissant, être joyeux sans exagérer la plaisanterie, car il serait alors facile de devenir pédant et d'ennuyer ceux qui nous écoute.
Cela signifie également ne pas violer l'intimité de son prochain, ne pas se vanter, mais faire en sorte que les autres disent du bien de nous. Une personne qui se vante devient antipathique.
Vaincre la timidité signifie agir comme un être humain digne de ce nom.
Il faut tenir compte du fait que les gens nous traitent comme nous leur apprenons à le faire. Dans un groupe, dans un milieu de travail, il y a toujours un bouc émissaire sur lequel le chef se défoule. La plupart du temps, la victime

est la personne la plus timide. Celui qui sait se faire valoir au bon moment est respecté et considéré.
Nous avons dit que pour vaincre la timidité, il faut la comprendre. Et bien, commençons par affirmer que nous sommes tous timides.
Le non-timide n'existe pas et ne peut pas exister; toutefois certaines personnes sont en mesure de cacher et de dissimuler plus ou moins bien leur timidité.
Celui qui se connaît connaît les autres, mais si nous intervertissons les facteurs, le produit ne change pas; ainsi connaissant les autres, nous pourrons nous accepter. Chaque personne agit d'une certaine façon, ses actions reflètent son caractère, ses peurs et ses problèmes. Ces comportements échappent normalement à l'analyse de notre conscient, mais ils sont en partie emmagasinés par notre inconscient.
Si nous demandons à une personne pourquoi elle préfère les vêtements gris, pourquoi elle serre la main en présentant la pointe des doigts, pourquoi elle croise souvent les bras, etc. si, en somme, nous lui demandons les raisons de son attitude en général, elle nous répond: "Je ne sais pas". En réalité, chacun extériorise son être dans chacun de ses actes, de ses gestes. Si nous sommes donc capables d'analyser les messages que nous envoient les autres, nous sommes en mesure de constater que tous les autres sont en réalité comme nous et sont tous des timides.
Celui qui se ronge les ongles, celui qui mâchonne son crayon, celui qui préfère boire avec une paille, celui qui fume la pipe, la cigarette, celui qui mâche souvent du chewing-gum, celui qui suce ses lunettes, etc., est une personne timide et peu sûre d'elle.
Les actes mentionnés sont des signes clairs d'un besoin de protection, puisqu'ils se rattachent à la pulsion de succion du pouce, caractéristique de l'enfance, et du souvenir du sein maternel. Celui qui accomplit ces gestes par habitude est

un timide. Celui qui en parlant intercale des onomatopées du type hum-hum, est une personne qui n'est pas sûre d'elle. Il y a d'autres faits qui révèlent un conflit intérieur, par exemple nettoyer ses lunettes, friser une mèche de cheveux, regarder la paume de sa main, remonter sa montre, brosser sa veste, se frotter les mains, se caresser la barbe, et généralement tous ces gestes qui n'ont d'autre but que d'occuper le temps pendant les moments où on est mal à l'aise.

Si une personne mouille souvent ses lèvres quand elle parle, cela signifie qu'elle est très tendue. En effet lorsqu'on est tendu il y a sécrétion d'adrénaline qui réduit la salivation. Notez comment certaines personnes, habituées à parler en public et apparemment sûres d'elles, sont au contraire des timides.

De nombreux acteurs, conférenciers, hommes politiques, lorsqu'ils sont interviewés, font certains gestes qui servent inconsciemment à défouler leurs tensions. Normalement ils font des gestes d'auto-contact. Parfois, ils croisent leurs bras, ou ils ajustent le poignet de leur chemise, déplacent leur sac à main, contrôlent la fermeture de leur bracelet, remettent correctement leurs lunettes ou leur cravate, etc.

D'autres encore font des gaffes, des lapsus, se trompent, ont des défauts, montrent des côtés bizarres de leur personnalité.

A l'instant même où vous vous rendez compte de la timidité des autres, vous leur devenez automatiquement supérieur. En effet les autres ne savent pas que vous, bien que restant timide, êtes en mesure de cacher ce côté de votre caractère. Ainsi commencez donc par serrer la main avec énergie; tenez la tête droite et non pas de côté; regardez bien dans les yeux la personne que vous saluez et avec qui vous parlez. Lorsque c'est possible tutoyez-la. En parlant, ne pensez pas “Je ne suis pas intelligent, je ne comprends rien à ces discours, je ne suis pas à la hauteur, etc”.

Eliminez les onomatopées du type “hum-hum” et les mots habituels du genre: “n’est-ce-pas, c’est-à-dire, etc.”, il vaut mieux alors marquer une pause. Pour vous corriger, écoutez un enregistrement de votre propre voix.
Si c’est possible, essayez de parler debout quand votre interlocuteur est debout, à moins que vous ne soyez derrière votre bureau.
Ne vous asseyez pas en équilibre précaire, sur le bord d’une chaise ou d’un fauteuil; mettez-vous à votre aise et appuyez-vous complètement. Dans tous les cas, cherchez la position la plus confortable.
Arrivez à l’heure aux rendez-vous, mais pas trop en avance non plus. Ne vous laissez pas interrompre lorsque vous parlez. Vous pouvez parfois répondre sèchement, quitte à poursuivre ensuite avec plus de douceur. Si quelqu’un vous interrompt et vous pose des questions pendant que vous parlez, dites-lui: “Excuse-moi un instant, nous en reparlerons lorsque j’aurai fini”.
Si vous êtes chez d’autres personnes et que vous n’avez pas envie de fumer ou de boire, ne vous y croyez pas obligé.
Si vous vous rendez compte que vous allez perdre votre self-control, il vaut mieux vous taire; plus tard, lorsque vous serez plus calme, vous présenterez votre point de vue.
Une personne calme est toujours supérieure à un agité.
Bien des fois, lorsqu’on se rend compte que l’on est tendu et peu sûr de soi, il suffit de respirer profondément pour se calmer; cela n’a pas d’importance si les autres le voient. Il vaut mieux respirer profondément que parler avec la voix qui tremble.
Ainsi, il devient facile de cacher sa timidité. Il suffit de mettre en pratique les différents conseils, sans se soucier des jugements des autres.
Forcez-vous à vous comporter de cette façon. C’est justement le type de conduite inhabituelle que vous avez choisie

qui vous révélera une base très valable pour votre nouvelle personnalité. Et de plus la surprise des autres vous stimulera.

Servez-vous de votre esprit, de votre inconscient pour accélérer votre changement et vaincre votre timidité.

La relaxation indiquée au chapitre “Relaxation” résout déjà une bonne partie de vos problèmes.

L’absence de relaxation crée l’anxiété et l’anxiété engendre le manque de confiance. Commencez donc par faire au moins une fois par jour un exercice de relaxation, après la relaxation faites les exercices d’approfondissement et représentez-vous vous-même changé, différent, renouvelé.

Créez mentalement une image positive de vous, tandis que vous dialoguez avec les autres: vous êtes totalement sûr de vous. C’est la projection de votre côté positif. Imaginez que vous vous déshabillez et après vous être mis nu, vous revêtez des habits neufs qui représentent votre nouveau comportement.

Après cela, faites au moins une fois par jour (c’est mieux si vous le faites deux fois) pendant une semaine les exercices de dynamique mentale.

Chaque fois que vous ferez ces exercices, il faudra tenir compte de certaines règles fondamentales; le milieu devra être tranquille et il ne devra pas y avoir de bruit; la lumière devra être douce, vous devrez être assis confortablement, les mains appuyées sur les jambes, les yeux fermés et les jambes allongées. Si vous le pouvez, il vaudrait mieux parfumer la pièce avec des bâtons d’encens ou d’autres parfums. Ensuite, faites une respiration profonde, inspirez lentement par le nez, retenez votre souffle deux secondes et expirez par la bouche, toujours lentement.

Il est également opportun de visualiser les scènes décrites au chapitre consacré aux méthodes de relaxation. Ceux qui aiment la bonne musique pourront écouter leurs morceaux préférés; l'essentiel est qu'ils soient calmes et doux, ils devront être à peine audibles.

1° exercice

Visualisez un panneau noir représentant toutes les conséquences négatives de la timidité. Au milieu de ce panneau noir, il y a un cercle rouge qui au début se brise en son diamètre. Le cercle rouge est le symbole de la timidité, mais maintenant le cercle est désagrégé. Visualisez uniquement le panneau noir, il change déjà de couleur, devient toujours plus gris. Maintenant il est gris clair mais il continue à changer de couleur et devient complètement bleu. Enfin le panneau tout entier resplendit d'un beau bleu vif. Tous les problèmes que la timidité créait sont désormais résolus. Il ne reste qu'un vieux souvenir de la timidité (figure 4).

2° exercice

Visualisez un panneau bleu et deux cercles jaunes au bord du panneau bleu. Maintenant les deux cercles jaunes se rapprochent de plus en plus, toujours plus, ils vont se toucher, ils se touchent mais en même temps ils continuent à avancer; ils fusionnent et leur couleur devient verte.
Au fur et à mesure que les deux cercles se superposent, ils deviennent toujours plus verts. Maintenant ils ne forment qu'un seul cercle, cette sphère unique est complètement verte. Vous avez ainsi vaincu votre peur des autres. Les autres sont comme vous, et ils se fondent totalement en vous (figure 5).

3° exercice

Visualisez un panneau blanc, avec une grosse sphère bleue. La sphère bleue est placée juste au centre du panneau blanc. Maintenant, la sphère bleue se partage en deux, comme une noix. Au centre de cette sphère bleue, il y a une autre sphère légèrement plus petite et elle est rouge, avec des stries noires inégales. C'est ainsi que sont toutes les personnes que vous croyez sûres d'elles. Elles se parent d'une légère couche protectrice. En réalité elles sont pleines de problèmes, d'insécurité et de peurs. Tout le monde est timide, et à partir d'aujourd'hui vous exploiterez ce fait en adoptant une attitude désinvolte et sûre de vous car vous connaîtrez les faiblesses des autres (figure 6).

Comment améliorer sa personnalité et se rendre sympathique

Etre sympathique est évidemment une chose merveilleuse: la sympathie est la base de la syntonie et de l'amour.
Avec des personnes sympathiques, on se trouve toujours beaucoup de points communs; en les fréquentant, on en tire même de sérieux bénéfices pour son propre caractère.
Etre sympathique est très important, surtout lorsqu'on fait de nouvelles connaissances, qu'elles soient professionnelles ou d'ordre privé.
Lorsqu'on rencontre une personne, l'inconscient entre immédiatement en action. Il enregistre, emmagasine et évalue un nombre impressionnant d'informations à notre insu. Ce sont des petits gestes, des paroles brèves, des actes apparemment sans importance, sans compter les attitudes déjà perçues au niveau conscient.
La sympathie est la base du succès. Qui s'opposerait sans raison à une personne sympathique? Il est important d'adopter un certain type de comportement qui, sans vous assurer le consentement automatique de vos interlocuteurs quel que soit le sujet abordé, vous garantit, cependant, la considération générale et une bienveillance certaine.
Voyons maintenant quelques-uns de ces comportements. Si vous les appliquez avec constance et de façon sincère, vous remarquerez que, peu à peu, il se créera à votre égard un agréable courant de sympathie et d'estime:

— saluer toujours avec le sourire et d'une voix chaleureuse;
— se rappeler le nom des personnes, et le prononcer clairement lors des rencontres (en agissant ainsi, vous faites sentir à votre interlocuteur qu'il est toujours présent dans votre mémoire et qu'il a donc une certaine importance; de cette façon, votre interlocuteur se comportera de même avec vous);
— être toujours joyeux: on rompt ainsi la glace et on élimine la tension;
— ne jamais manquer de s'intéresser à la santé de son interlocuteur et de sa famille, surtout s'il a des enfants. Si celui qui vous parle n'a pas d'enfants mais des animaux, il faut vous intéresser à leur santé car pour nombre de personnes, le chien et le chat remplacent souvent les enfants;
— il faut toujours tenter de penser du bien des autres et ne pas avoir d'a priori; la pensée crée et, par la pensée, nous sommes capables de transmettre des informations beaucoup plus importantes qu'on ne croit habituellement. Nous pouvons sourire autant que nous voulons mais si, en même temps, nous pensons du mal de cette personne, elle le sentira et cela finira par l'influencer beaucoup plus que nos attitudes extérieures hypocrites;
— il ne faut jamais plaisanter sur les défauts des autres. Nous pourrions donner l'impression que nous profitons de l'absence de la personne en question pour critiquer ses imperfections;
— quand on discute, il vaut mieux souligner les points d'entente et laisser de côté les arguments et les problèmes qui pourraient créer des divergences;
— si nous sortons vainqueurs d'une dispute, nous en sommes généralement heureux et satisfaits, mais nous ne nous rendons pas compte qu'en fait nous avons perdu quand même, car nous avons créé un climat d'antipa-

thie. Ceci est surtout valable lors des premières rencontres et des discussions sans importance;

— les femmes acceptent toujours volontiers les compliments sur leur façon de se vêtir et de se coiffer, mais, attention, soyez délicat dans vos appréciations, ne tombez pas dans l'insolence ni la monotonie;

— il ne faut jamais appeler les personnes par des "hep! Vous" ou des "eh! Dites";

— la provocation légère, la fantaisie, le rire, la taquinerie (mais uniquement vis-à-vis des personnes que vous connaissez bien), la réponse galante, sont tout à fait à leur place dans une conversation;

— parler avec les mains est positif puisque c'est un autre moyen de communication.

Dès demain, vous laisserez vos préjugés de côté et aborderez les personnes de votre entourage comme si c'était la première fois, même celles que vous trouvez antipathiques. La mise en pratique des conseils ci-dessus sera ainsi grandement facilitée.

Comment augmenter la force musculaire et la résistance physique

L'homme a plus de 600 muscles qui rendent possibles les mouvements volontaires. Dans le corps humain, il y a des muscles volontaires, qui agissent sous l'action de la volonté, et des muscles involontaires, comme les organes, les parois des vaisseaux sanguins, etc. Il y a une troisième catégorie de muscles qui ne sont ni volontaires ni involontaires le cœur, par exemple.

Nous traiterons ici uniquement des muscles volontaires, c'est-à-dire de ceux qui permettent de bouger, de se déplacer, de faire des travaux manuels.

Chez les animaux, le développement des muscles est très important, tout particulièrement pour certains muscles. La puissance détermine en fait la vie même de l'animal. Dans l'éternelle lutte pour la survie il se défend en fuyant, il attaque en poursuivant.

L'homme a toujours plus utilisé sa force mentale que sa force physique. Ceci est encore valable de nos jours.

Aujourd'hui, on donne plus d'importance à l'intelligence qu'à l'aspect physique. La technologie a d'ailleurs soulagé l'homme de nombre de travaux pesants, ce qui fait que sa force musculaire diminue sans cesse. Parfois, la force physique est restée importante, tout spécialement quand la vie est en jeu (par exemple si on est attaqué par un chien enragé ou bien dans certains sports où la plupart du temps la force physique a un rôle primordial). Dans certains cas, pouvoir libérer en une fraction de seconde toute la force musculaire a une importance capitale pour atteindre le but fixé; c'est le cas, par exemple, pour l'haltérophilie, le lancement du javelot, du disque, du marteau, etc.

Dans d'autres sports, au contraire, ce qui compte est la durée de l'effort, c'est-à-dire la résistance physique comme, par exemple, pour la marche, les marathons, etc.

Analysons maintenant ces deux cas un peu plus à fond.

Lorsqu'il s'agit de libérer brièvement sa force, le meilleur moyen est d'utiliser une image mentale qui agisse comme un véritable accumulateur de forces et qui libère instantanément toute l'énergie accumulée.

Les cellules musculaires ont la caractéristique de se contracter sous l'effet d'un stimulus. Chaque fois qu'il y a stimulus, chaque filament se greffe à un autre filament (comme lorsque deux peignes se croisent) créant ainsi la contraction musculaire.

Plus les croisements de ces filaments seront nombreux et plus le rendement sera élevé.

Comme toujours l'oxygénation du sang par la respiration contrôlée a une importance capitale. L'oxygène est en effet le carburant des muscles. On commence à se préparer en faisant des respirations profondes. L'important, comme toujours, est de pratiquer une très bonne expiration afin que pendant l'inspiration suivante le volume d'air pénétrant dans les poumons soit considérable.

La méthode consiste à faire affluer le plus de sang possible dans la zone musculaire qui est soumise à l'effort; pour ce faire, on exécute des mouvements dans la zone qui sera utilisée (le bras par exemple) et en même temps on visualise, les yeux fermés, ou en regardant attentivement son bras, un cordon rouge qui partant du cœur arrive à la main et la dépasse.

Toujours en respirant profondément, on visualise un arc à la corde rouge vif. Sur l'arc, il y a déjà une flèche prête à être tirée; à chaque respiration, l'arc se tend toujours plus jusqu'à ce que après plusieurs respirations, l'arc soit tendu au maximum.

La flèche peut alors être lâchée; inspirez lentement; les poumons pleins d'air, imaginez que la flèche part à l'instant précis où vous accomplissez l'effort musculaire.

Exemple pratique: vous devez redresser votre voiture tombée dans un fossé.

Respirez profondément en visualisant la couleur rouge; au bout de quelques secondes, visualisez un arc qui se tend lentement, avec la flèche en position. Remplissez bien vos poumons d'air, visualisez la flèche qui part et, en même temps, soulevez la voiture.

En règle générale, il faut toujours respirer profondément et retenir son souffle avant de faire un effort, ainsi le résultat sera meilleur. Une autre méthode tout à fait valable est l'emploi du mot-clé donné sous hypnose; ce mot sera toujours utilisé comme un accumulateur. La technique est expliquée au chapitre: Le symbole commutateur.

En ce qui concerne la résistance physique, les techniques sont variées, mais ici ce n'est pas tant le résultat immédiat qui compte mais au contraire la durée du meilleur rendement physique.

Bien des fois on ressent mentalement la fatigue physique, alors que sur le plan musculaire, on est capable de poursuivre l'effort. Il faut donc distraire l'attention, ne pas penser au travail que nous sommes en train de faire, laisser aller l'esprit à des idées différentes et tranquillisantes.

Oubliez que vous êtes en train de courir et continuez à courir tranquillement sans vous en rendre compte.

Essayez d'avoir un bras en l'air pendant un certain temps; au bout de quelques minutes, vous commencerez à avoir mal. Refaites l'expérience en oubliant que vous avez le bras levé, pensez à autre chose; vous verrez que vous oublierez votre bras et que vous ne sentirez aucune douleur pendant un long moment.

Lorsque vous devez avoir une bonne résistance physique, pour une compétition par exemple, la préparation devient très importante. Il faut s'entraîner quelques semaines à l'avance avec des séances de relaxation psychophysique et ensuite se répéter des phrases du genre: "Le jour X, vous devez participer à cette épreuve; vous réussirez sûrement à donner le meilleur de vous-même. Vous vous êtes entraîné et, psychologiquement, vous êtes le plus fort et le mieux préparé. A ce moment-là, vous ferez en sorte que votre rendement soit maximum; vous serez tranquille et votre prestation sera sûrement très bonne".

Par cette méthode et un entraînement normal (qui est de toute façon indispensable), vous acceptez psychologiquement l'événement. La compétition ne sera plus une surprise, ce sera simplement une épreuve pendant laquelle vous vous mesurerez grâce à votre préparation. L'esprit est en mesure d'agir sur le corps et la victoire prend une valeur encore plus grande.

Se sentir psychologiquement préparé signifie être vraiment en meilleure forme que les autres.

Nous savons bien comme l'état d'esprit peut influencer le physique en certaines occasions. Le sport, l'idée de la victoire, de la supériorité, donnent aux participants d'une épreuve des forces intérieures capables d'agir ensuite sur le plan physique et par conséquent musculaire. Les séances auto-hypnotiques pour la préparation à une épreuve sportive ont donc une grande importance. Elles engendrent la confiance, l'optimisme et même la tranquillité, indispensables pour affronter une épreuve. Ceci est tout à votre avantage, en effet si vous attendez une épreuve avec anxiété, si vous êtes nerveux, si vous avez peur, vous n'êtes plus dans les meilleures conditions pour donner le maximum de rendement.

On peut utiliser lors de ces exercices des musiques appropriées qui donnent énergie et vigueur.

Un autre système efficace pour augmenter la résistance physique consiste à utiliser la respiration contrôlée de façon à prévenir la fatigue physique précoce, qui se manifeste toujours par le manque de souffle. Quand vous haletez, quand vous faites un effort, cela signifie que votre organisme a un plus grand besoin d'oxygène qui, par l'augmentation des battements du cœur, est distribué à tout votre organisme. Si vous anticipez cette nécessité physiologique en instaurant a priori un certain type de respiration contrôlée, vous pouvez prévenir la respiration saccadée et la fatigue physique. Si, par exemple, vous devez monter un grand nombre de marches, vous devez inspirer profondément tandis que vous montez les deux premières marches et ensuite expirer pour les deux marches suivantes. En continuant ainsi, vous pouvez monter un grand nombre d'escaliers sans vous arrêter ni reprendre votre souffle.

Lorsque vous marchez rapidement ou que vous courez, inspirez lors des trois premiers pas et expirez lors des pas suivants, puis continuez ainsi; trois pas: inspirez, trois pas: expirez.

Ces rythmes de respiration sont simples et vraiment utiles car ils permettent de réaliser un effort assez soutenu sans fatigue. Le nombre des respirations est indifférent. Quoi qu'il en soit la règle est que plus la fatigue se manifeste, plus le nombre d'inspirations et d'expirations doit être réduit. Les inspirations et expirations doivent se faire avec rythme; on inspire par le nez au fur et à mesure qu'on marche et on fait de même par la bouche pour l'expiration.

Lorsque l'effort vous coupe le souffle, il vaut mieux vous

arrêter car vous ne pourriez pas continuer longtemps. Dans ce cas il faut revenir à la respiration normale; respirez rapidement, en haletant pendant quelques secondes, ensuite respirez calmement et profondément plusieurs fois de suite. Continuez de la sorte jusqu'à ce que la respiration soit à nouveau régulière, ce qui arrive très rapidement.

Au terme de l'effort ou de l'épreuve, il vaut toujours mieux faire une respiration profonde. Tandis qu'on soulève les bras, on inspire profondément et on se met sur la pointe des pieds, ensuite on expire en baissant les bras, et en posant les pieds au sol, on se penche légèrement en avant et on appuie un peu sur le ventre pour faire sortir le maximum d'air des poumons.

Lors de l'inspiration et de l'expiration, les bras doivent faire un demi-cercle.

Il faut ici visualiser la couleur orange suivie si possible de la couleur bleue.

La vue

L'œil est un organe merveilleux qui nous permet de voir tout ce qui est autour de nous, tout ce qui est beau et tout ce qui ne l'est pas. Parce qu'il est sphérique, l'œil est considéré comme une des parties les plus évoluées de notre organisme.

Il existe une méthode de diagnostic appelée “fond d'œil” qui se base sur l'examen visuel de l'iris pour découvrir les éventuels troubles présents chez le patient, et qui se rencontrent dans tout son corps.

L'œil est un organe qui utilise la lumière, pour cette raison il revêt également une connotation religieuse; très souvent, on représente l'image de l'œil de Dieu au centre d'un triangle.

Par l'intermédiaire de l'œil, la lumière du soleil se transforme en images, formes, couleurs et sensations.

Nous savons tous que l'œil fonctionne comme un petit appareil photo, mais on ne sait pas toujours que pour voir ce qui est resté imprimé sur la rétine, il faut le projeter vers l'intérieur.

Pendant cette projection, l'œil émet une énergie et devient ainsi un organe créateur. Si l'œil émet une énergie fortement négative, on parle de “mauvais œil”. La pensée de l'homme peut être tournée vers le bien comme vers le mal. La tradition populaire veut que la pensée soit en mesure d'agir sur les autres, en utilisant les yeux comme moyen de transmission. Cette croyance est très ancienne et elle a survécue jusqu'à nos jours. Aujourd'hui encore, on craint l'énergie négative projetée par les yeux. En ce qui concerne ce sujet, je conseille au lecteur intéressé de consulter mon livre *Mauvais œil et Sortilèges*, paru aux Editions De Vecchi, et dans lequel j'apporte de nombreux éclaircissements sur ces croyances si discutées mais qui passionnent grand nombre de personnes.

Lorsque vous affirmez voir un objet, vous projetez, en réalité, vers l'extérieur, une énergie qui prend la forme subjective de l'objet véritable; en fait, ce que vous voyez n'est que le fantôme ainsi que la projection illusoire, de l'objet physique.

En réalité, vous voyez avec l'esprit. L'œil ne reçoit que des informations sous la forme d'ondes électromagnétiques.

Ensuite ces ondes sont élaborées par la psyché qui, selon les informations, l'expérience et les habitudes, inventera la réalité à projeter à l'extérieur.

Ainsi l'esprit prend une importance particulière. C'est à travers lui que nous percevons le monde extérieur.

L'homme qui développe, ou mieux, qui connaît davantage son esprit, voit le monde avec des yeux différents; il améliore sa vue, ce qui lui permet de transcender la subjectivité et de s'approcher toujours plus de la dimension réelle des objets. La perception de la lumière est très importante puisqu'elle agit sur les glandes endocrines. L'épiphyse et l'hypophyse sont justement stimulées par la lumière. Des découvertes récentes l'ont affirmé, donnant ainsi raison au philosophe Descartes qui affirmait que la vue était étroitement mêlée à l'épiphyse.

En effet, la lumière stimule la rétine. Ces stimulations sont ensuite envoyées aux cellules de l'épiphyse par le nerf optique.

Ainsi l'homme n'est pas tellement différent des plantes; comme elles, il utilise directement l'énergie de lumière. Affiner la vue devient donc très important, cela signifie entraîner, stimuler et améliorer les forces psychiques elles-mêmes.
Pour affiner ou améliorer sa vue, il faut entraîner ses yeux par de véritables exercices qui agissent en même temps sur la psyché, les muscles et les tendons de l'œil. De plus, ils permettent d'avoir un regard magnétique.
Le regard magnétique est également une croyance populaire; en effet certaines personnes ont un "je ne sais quoi" qui les rend sympathiques, sûres d'elles, indépendamment de leur aspect physique.
L'hypnotiseur connaît bien ces méthodes qui lui permettront d'obtenir ainsi le "regard magnétique".
En réalité, le magnétisme n'est pas un don, ni une connaissance, mais une technique que tout le monde peut apprendre et utiliser. Certains vendeurs connaissent également bien cette méthode.
Je rappelle que l'homme (comme tout être vivant) est composé de cellules qui ont une activité bioélectrochimique. L'homme est donc un être électrique et par conséquent magnétique. Chacun a une double polarité magnétique, positive et négative. Selon cette théorie, étudiée également par les scientifiques (des études et des recherches sur le magnétisme humain sont effectuées en médecine par les universités de différents pays), l'homme est sujet à des variations magnétiques. Cela est démontré par le fait que de nombreuses personnes sont très sensibles aux variations météorologiques, causes de changements dans la quantité d'ions positifs et négatifs présents dans l'air.
Mais revenons au regard magnétique. Les exercices qui suivent ont pour objectif d'entraîner les yeux, d'obtenir de meilleurs résultats et en même temps un regard magnétique.

Exercices

— Se placer à environ 30-40 cm d'une glace et fixer son propre regard, en essayant de ne pas cligner des yeux, ceci le plus longtemps possible. Vous remarquerez que peu à peu le temps de fixation devient toujours plus long. Sachez qu'on ne peut jamais voir ses propres yeux en mouvement. Vérifiez-le en utilisant une glace à trois pans et en essayant de voir vos yeux qui bougent.

— Choisissez un petit objet, la pointe d'un crayon, ou une petite sphère, par exemple. Placez-la à environ 30 cm de vous. Fixez l'objet sans cligner des yeux jusqu'à ce que vous parveniez à le fixer pendant deux minutes.

— Choisissez une montre qui ait les aiguilles des secondes très visibles. Placez-la à environ 50 cm de vous un peu en hauteur. Fixez les aiguilles en mouvement pendant trente secondes, ensuite reposez-vous pendant trente secondes et ainsi de suite. Lorsque vous ferez l'exercice sans vous fatiguer, doublez le temps de fixation.

— Collez sur un panneau noir deux petits disques blancs d'environ 1 cm de diamètre, éloignés d'environ 6 cm l'un de l'autre. Mettez le panneau à la hauteur des yeux à une distance de 50 cm et fixez le centre de l'espace entre les deux disques blancs.

— Placez un objet pas trop grand (un vase par exemple) à environ 3 m de vous. Fixez l'objet sans cligner des yeux et approchez-vous lentement. Arrêtez-vous à 30-40 cm de l'objet et continuez à le fixer encore pendant quelques secondes. De cette façon, vous entraînez également votre cristallin.

— Asseyez-vous par terre, le dos droit contre un mur. Détendez tout votre corps en appuyant également la tête contre le mur. Gardez la tête immobile et abaissez le regard sur le mur d'en face à l'endroit où il rejoint le sol; choisissez alors de fixer un point quelconque.

Levez ensuite le regard, sans bouger la tête et choisissez un point où le mur d'en face rejoint le plafond. Faites ces mouvements au moins sept fois. Fermez les yeux et reposez-vous.

— Faites le même exercice qu'auparavant mais choisissez des points de référence à votre droite et à votre gauche. Si dans la pièce, il y a des meubles, vous pouvez les utiliser comme points de référence pour faciliter l'exercice.

— Fixez l'angle en bas à gauche du mur en face de vous et ensuite l'angle en haut et à droite du même mur. Fixez alternativement les deux points, sept fois de suite, ensuite fermez les yeux et reposez-vous.

— Les yeux fermés, bougez les globes oculaires tout d'abord dans le sens des aiguilles d'une montre et ensuite dans le sens contraire, ceci pendant 30 secondes. Refaites l'exercice avec les yeux ouverts, puis reposez-vous.

— Mettez votre index droit bien en face de votre nez de sorte que vous puissez le fixer sans effort. Approchez lentement ce doigt, en essayant de garder une image toujours nette, jusqu'à toucher votre nez. Faites-le plusieurs fois, puis fermez les yeux et reposez-vous.

— Asseyez-vous à une table et choisissez un point de référence éloigné (sur le mur d'en face) et un près de vous (un objet placé sur une table) de façon à pouvoir le voir sans bouger la tête. Fixez alternativement le point éloigné et le point proche, plusieurs fois de suite. Ensuite fermez les yeux et reposez-vous.

— Asseyez-vous par terre, le dos et la tête bien droits contre un mur. Frottez-vous énergiquement les mains pour les charger d'électricité. Lorsque vous les sentez très chaudes, appuyez vos paumes sur vos yeux, les doigts croisés. Restez ainsi quelques secondes sans bouger la tête et sans respirer. Répétez l'exercice plusieurs fois.

— Mettez-vous devant une glace et soulevez complètement les paupières supérieures; faites cet exercice dix fois par jour, pendant une semaine.
— Gardez le visage immobile et bougez les yeux de l'extrême droite à l'extrême gauche en une ligne horizontale. Répétez ensuite l'exercice en regardant de haut en bas en ligne verticale, faites-le trois ou quatre fois.
Vous pouvez également faire cet exercice les yeux fermés; et aussi en diagonale.
— Normalement, on fait travailler un œil plus que l'autre; pour découvrir celui que nous utilisons le plus, il suffit de montrer du doigt un point placé devant soi. Si vous fermez alternativement les yeux, vous devriez voir votre doigt en deux endroits différents. L'œil qui vous permet de voir l'objet montré dans l'axe est celui que vous utilisez le plus.

Vue périphérique

La vue périphérique permet d'avoir un certain champ visuel. Naturellement plus ce champ est vaste et plus on a d'informations provenant de l'extérieur. Par exemple, quand on conduit une voiture, il est très pratique de bien visualiser ce qui se passe aux bords de la route; c'est ce qui correspond à l'expression "voir du coin de l'œil". Par le blanc de l'œil, ou sclérotique, il est possible d'avoir des informations visuelles qui soient au-delà de la gamme du violet (ultraviolet), c'est-à-dire au-delà de 0,4 de radiation lambdoïde.

Exercices

— Fixez un petit objet et, en même temps, essayez de voir nettement tout ce qui est dans votre champ visuel; ce

n'est pas important si ce n'est pas très net, l'important est de reconnaître distinctement et sûrement les objets qui font partie de votre champ visuel.
Répétez l'exercice en tournant tout d'abord la tête totalement à droite et ensuite totalement à gauche. Si vous réussissez à voir facilement sur les 360°, vous noterez des détails qui vous auront échappés auparavant.

— Pour faire cet exercice, il faut deux personnes. Il faut se procurer un panneau noir sur lequel on a dessiné une grande croix blanche. A côté du panneau, placez une série d'objets, éclairez la pièce d'une lumière douce. Vous devez fixer la croix blanche à une distance d'environ trois mètres. La deuxième personne déplace toujours plus les objets sur le côté. Vous devrez dire à quel moment vous ne voyez plus les objets.
Grâce à cet exercice, on découvre les points aveugles de l'œil, c'est-à-dire les petites zones où l'œil ne voit pas.

Vision chromatique

La vision chromatique permet de visualiser les différentes couleurs et les différentes tonalités. Dans l'œil sain, il y a des récepteurs (cônes) sensibles au rouge, au vert et au violet; ils permettent de percevoir toutes les autres couleurs. En fait, la gamme des couleurs visibles par l'œil humain est située entre le rouge et le violet. Au-delà de cette limite (infrarouge et ultraviolet), l'œil est insensible.

Exercices

— Préparez un disque cartonné grand comme une assiette. Coloriez-le en partant de l'extérieur avec les couleurs suivantes: bleu, jaune, vert, violet et rouge au centre. Placez le disque à la hauteur des yeux à 3 m environ. Fixez le centre du cercle (la partie rouge) pendant trente secondes au moins; ensuite détournez les yeux sur un mur vide et blanc. Par un effet d'optique, le disque se reformera mais cette fois avec les couleurs complémentaires c'est-à-dire orange, bleu, rouge, jaune et vert au centre.

— Visualisez les couleurs, les yeux fermés, en commençant par les plus simples, en passant ensuite à celles qui sont estompées et enfin visualisez deux couleurs en même temps. Pour ce dernier exercice, le meilleur moyen est de visualiser des panneaux différents, avec plus ou moins de zones colorées. Les premières fois, on pourra s'aider en fixant bien un objet de la couleur à visualiser.

— Procurez-vous des panneaux de différentes couleurs et faites-y dessiner des détails de la même couleur que le panneau, mais de tonalité légèrement différente. L'exercice consiste à deviner les dessins réalisés par l'autre personne.

Vision binoculaire

La vision binoculaire s'explique par le fait que chaque point de la rétine d'un œil a dans l'autre œil un point topographiquement et fonctionnellement correspondant.
Ces points, stimulés en même temps par la lumière que réfléchit un même objet, génèrent dans chaque œil deux impressions visuelles différentes (une pour chaque œil). Ces deux impressions sont exactement superposées dans le cerveau puisqu'elles viennent d'une même localité externe et qu'elles sont perçues par les points correspondants des rétines.

Exercices

— Préparez un panneau noir, collez sur ce panneau deux rectangles, avec les couleurs complémentaires, séparés d'environ 5 cm. L'exercice consiste à fixer longuement une des deux couleurs et à diriger ensuite son regard sur une feuille complètement blanche.
Vous remarquerez que sur la feuille blanche, on visualise la couleur complémentaire.
Liste des couleurs complémentaires à unir entre elles:
Rouge = Vert bleu
Orange = Bleu
Jaune = Bleu indigo
Violet = Jaune vert

— Mettez, sur des verres de lunettes ou sur deux lames de verre, deux morceaux de papier vélin transparent de couleur différente. On devra voir une seule tonalité qui correspondra au mélange des deux.

— Préparez deux tubes de carton. A l'extrémité d'un tube, placez le dessin d'une cage, à l'extrémité de l'autre celui d'un oiseau. Avec l'œil droit, regardez dans un tube et, avec l'œil gauche, regardez dans l'autre. Lorsque les deux images arrivent au cerveau, on verra l'oiseau dans la cage.

Sens de profondeur

Le sens de profondeur est l'estimation visuelle de la distance entre deux objets.

Exercice

— Tendez un fil horizontalement et mettez-vous à une distance d'environ 3 m. Une deuxième personne fait tomber deux billes, parfois devant le fil, parfois derrière. Il faut deviner de quel côté du fil elles tombent.

Sens lumineux

C'est la faculté de percevoir l'intensité de la lumière et d'en apprécier les différences. L'œil ne voit que si une certaine quantité de lumière le frappe, sinon il est aveugle; la valeur minimale de lumière est appelée seuil lumineux.

Exercice

— Il faut faire l'obscurité totale dans une pièce, allumer ensuite une petite lampe blanche et diminuer de temps en temps son intensité à l'aide d'un régulateur ou en couvrant la lumière avec des feuilles de papier opaques. Fixez chaque fois la source de lumière pendant plusieurs minutes. Essayez de le faire avec l'œil droit seul, puis l'œil gauche seul.

Dynamique mentale

Après avoir atteint un état optimal de relaxation, et après avoir fait un approfondissement, réalisez les exercices suivants. Leur but est d'entraîner votre esprit à de véritables projections mentales qui, sur le plan énergico-psycho-photonique, deviennent des projections réelles.

— Imaginez un cercle gros comme une pièce d'un franc, placé sur votre front et formé d'une lumière vive et brillante, capable de changer de couleur à votre gré. Imaginez que vous détachez ce cercle de votre front et faites-le tourner mentalement en le projetant contre un mur de la pièce. Ce cercle deviendra toujours plus grand jusqu'à atteindre un mètre de diamètre; à ce moment, vous pourrez le projeter contre un meuble ou quelqu'autre objet. Refaites l'exercice avec un carré, un triangle, etc.

— Imaginez un point bleu; projetez-le contre un mur ou contre un panneau blanc que vous visualiserez. Ce point bleu commence à bouger en laissant derrière lui une traînée lumineuse persistante. Il faut alors faire tourner ce point de façon à former un beau cercle. En tournant vers l'extérieur, créez neuf demi-cercles tout autour de ce disque initial. Ces demi-cercles seront disposés en corolle comme les pétales d'une fleur. Lorsque vous aurez terminé, vous aurez réalisé en pensée une belle marguerite bleue que vous pourrez admirer en la visualisant avec votre esprit.

L'ouïe

L'ouïe sert à percevoir les sons, et permet de communiquer avec les autres. En effet celui qui n'entend pas a beaucoup de difficulté à apprendre le langage parlé. Où il y a le vide, on ne peut entendre aucun son; ce qui donne l'impression d'entendre est la formation d'une onde élastique qui frappe le tympan. Cette onde est ensuite élaborée et envoyée au cerveau sous forme d'impulsions électriques. Une personne ayant une ouïe normale peut entendre n'importe quelle note comprise entre 16 et 16000 vibrations par seconde environ. Les enfants peuvent entendre des notes plus élevées que les adultes, cette capacité commence à diminuer vers l'âge de dix ans, et s'aggrave toujours plus avec l'âge. Les animaux ont, au contraire, des possibilités beaucoup plus grandes.

Le cerveau est en mesure de sélectionner les sons qui l'intéressent; en effet, lors d'une réception, si à un certain moment vous voulez écouter le discours d'une personne en particulier, vous êtes en mesure d'isoler sa voix de tous les autres sons et bruits.

L'homme peut emmagasiner dans sa mémoire environ 400000 sons différents.

La localisation se fait grâce à la position des oreilles. Se trouvant de chaque côté de la tête, éloignée l'une de l'autre, elles peuvent recevoir un message sonore différent.

Nous pouvons entendre notre propre voix non seulement avec les oreilles mais également à l'aide de la transmission. Cette transmission se fait aussi mécaniquement à l'aide des os (les mâchoires, etc.), toutefois il peut arriver que ces sons soient pathologiquement amplifiés et à la source de bourdonnements gênants.

Exercices

— Choisissez un endroit très silencieux et entraînez-vous à individualiser des bruits différents de ceux que vous entendez d'habitude. L'idéal serait d'aller dans un bois; vous y découvrirez alors de très nombreux bruits nouveaux. La nuit, vous pouvez également entendre des bruits tout à fait nouveaux et suggestifs.
— En entendant des sons différents, sélectionnez-en un. Par exemple, en écoutant un disque, isolez un instrument des autres de façon à porter votre attention uniquement sur ce son.
— Essayez de vous rappeler des sons différents, comme la voix d'une personne qui vous est chère, le cri d'un animal, le son d'un instrument de musique bien précis, le bruit du vent, etc.
— Bouchez-vous bien les oreilles et écoutez le bruit de l'air qui descend dans la trachée, écoutez les bruits de la langue, de la déglutition, les murmures de l'estomac, etc.

Le goût

Le goût est étroitement mêlé à l'odorat (mais c'est le sens moins développé de notre organisme) et il nous permet de saisir les saveurs. Ceci se fait grâce à la stimulation des récepteurs ou papilles. On ne perçoit que la saveur des aliments liquides; en effet les papilles ne sont stimulées que lorsque l'aliment est liquéfié par la salive.

Les papilles enregistrent quatre sensations de base; sucré (à la pointe de la langue), salé (sur toute la langue), acide (sur les côtés de la langue), et amère (à l'arrière de la langue).

Le goût sert également à protéger l'organisme: un goût désagréable nous met en garde contre des aliments avariés ou toxiques.

Ce sens s'atrophie au fur et à mesure que l'homme vieillit; en effet, à la naissance, chaque papille possède environ 250 bourgeons, à 70 ans elle n'en a que 90.

Le goût est saisi non seulement par la langue mais également par le palais et la partie antérieure du larynx.

Celui qui fume ne perçoit pas le goût véritable des aliments et est privé d'une information très importante. En effet, si on développe ce sens, on peut savoir quels sont les aliments vraiment utiles à notre alimentation, ceux qui nous font du bien et ceux qui nous sont nécessaires dans certains cas, lorsqu'il se produit dans notre organisme certains processus

pathologiques. Ce message nous arrive généralement mais nous ne sommes pas capables de le percevoir. Lorsque nous mangeons, il faut bien mâcher afin que la nourriture s'imprègne au maximum de salive et que la perception du goût soit plus efficace.
Essayons de méditer sur les sensations qui nous parviennent, essayons de savoir si l'aliment est en syntonie avec nous. Il faut penser que cet aliment se transforme en une partie de nous-mêmes et que nous allons entrer en communion avec lui.
L'alimentation, avec la respiration, est la chose la plus importante de notre vie; méditons donc chaque fois que nous mangeons.

L'odorat

Avec ce sens, on peut sentir et reconnaître les odeurs et les parfums. Ce sens est étroitement lié au goût. Pour comprendre combien le goût dépend de l'odorat, il suffit de se boucher le nez et de fermer les yeux lorsque nous goûtons quelque chose. De fait, lorsque nous avons un rhume, il est difficile de faire la différence entre les aliments. Ce sens était jadis très développé, et de lui dépendait une bonne partie de la survie; il s'est maintenant atrophié chez l'homme.
On peut sentir les odeurs grâce aux petites cellules du nez (les récepteurs olfactifs). Lorsque les molécules parfumées arrivent aux récepteurs olfactifs, il se produit une réaction chimique qui est ensuite transmise aux bulbes olfactifs et au cerveau. Pour qu'une personne sente une odeur, il faut que cette odeur arrive au nez sous forme de gaz ou de vapeur; voici pourquoi les plats chauds ont plus de goût.

Seuil olfactif

C'est la capacité de sentir l'odeur d'une substance déterminée, proportionnée à la concentration de quantité de substance dans l'air; la concentration minimale est appelée "seuil olfactif". Les seuils varient avec la température.

Une rapide adaptation aux nouvelles odeurs se fait automatiquement; nous pouvons ainsi supporter (après avoir surmonté une répulsion initiale) des odeurs très désagréables.

Mémoire olfactive

Lorsque nous avons senti une odeur, elle est emmagasinée dans notre mémoire olfactive; nous nous rappelons cette odeur au moment opportun. Une personne bien entraînée peut reconnaître jusqu'à 4000 odeurs différentes, mais elle peut difficilement les décrire à autrui car elle n'a pas de points de référence.
Le chien, lui, ne perçoit le monde extérieur que par le souvenir des odeurs. Ce sens est très développé chez lui.

Sensibilité olfactive

Les deux sexes perçoivent les odeurs de façon différente. Les hommes, par exemple, sont moins sensibles aux odeurs du café, mais ils sont plus sensibles à certaines odeurs des femmes pendant les jours féconds, ce qui crée une attraction sexuelle.
De toute façon, la sensibilité varie de jour en jour et elle est toujours stimulée par la vue. Si nous voyons des aliments ou des choses agréables, ce sens devient plus fort.

Listes des principales odeurs

— Ethérée: fruit
— Aromatique: camphre, amande

— De bouquet:	fleur
— D'ambroisie:	musc
— Alliacée:	ail, oignon
— Empyreumatique:	odeurs de brûlé
— Caprylique:	fromage, graisse
— Répulsive:	punaise des plantes
— Nauséabonde:	viande putréfiée
— Miasmatique:	puanteur

L'odorat est le sens le plus vaste et dont la gamme est pratiquement illimitée. Il est très sensible à l'odeur du putois; on réussit à identifier cette odeur même si elle est diluée à la dose suivante: une molécule de cette odeur pour des milliards de molécules d'air. Pour apprécier l'odeur des fleurs, il ne faut pas les cueillir, mais les sentir là où elles poussent.

Au Japon, on est passé maître dans l'art de reconnaître les odeurs.

Les odeurs créent des sensations de chaleur et de froid; chaque odeur correspond à une couleur; par exemple, à la vanille correspond le violet.

Exercices préliminaires

— Effectuez la respiration profonde pendant les exercices afin d'améliorer la perception.

— Sentez progressivement que l'information arrive chargée de sensations; puis arrêtez-vous de temps en temps pour ne pas la saturer.

— Pendant la respiration du début, il faut visualiser la couleur indigo.

— Cachez une gousse d'ail (ce sera naturellement une autre personne qui devra le faire) et ensuite identifiez-en la situation exacte. La première fois, le sujet devra être aidé et guidé dans sa recherche. Vous pouvez utiliser également du camphre.

— Faites toucher à une personne un certain objet sans que le sujet le sache; il devra tout d'abord sentir la personne et essayer de découvrir ensuite de quel objet il s'agit.

— Visualisez une rose, les yeux fermés, ensuite une orange, etc., essayez de vous rappeler ensuite le plus possible chaque odeur.

Au début on peut sentir vraiment les odeurs, et tout de suite les éloigner; essayez de vous rappeler les sensations senties.

— Faites préparer des verres pleins d'eau et dans chacun faites dissoudre des substances en dose infinitésimale; essayez de deviner de quelles substances il s'agit.

Le toucher (sensibilité cutanée)

C'est la capacité qui nous permet de reconnaître la forme, la dureté, la douleur, la chaleur, le froid. En élaborant ces données, vous pouvez savoir si un objet est doux, grossier, mouillé, sec, etc. Vous percevez ces informations tout particulièrement par certaines parties du corps, par exemple le visage, les mains, les pieds; les autres zones étant moins importantes, elles transmettent peu d'informations sensorielles.
Il est difficile de survivre sans la sensibilité cutanée qui nous apporte de nombreuses informations. Chez les aveugles, ce sens est particulièrement développé.
La zone la plus sensible du corps humain est la main; le maximum de récepteur est à la pointe des doigts: 200 récepteurs/cm^2.

Différence de sensibilité

Pour connaître la différence de sensibilité, il suffit de faire rouler une pièce de monnaie sur l'avant-bras; à certains endroits uniquement on a une sensation de froid et de pression.
Pour pouvoir mesurer la sensibilité, on utilise un "extensomètre". Cet appareil, grâce à deux aiguilles réglables, me-

sure la proximité des récepteurs sur n'importe quelle partie du corps. Sur les épaules par exemple (zone peu sensible à la pression), on peut sentir la pointe des deux aiguilles uniquement lorsqu'elles sont à cinq centimètres l'une de l'autre.

Post-position de la vue

Grâce à la sensibilité cutanée, on peut également voir.
Les parties du corps les plus aptes à ce type de possibilité paranormale sont: la pointe du nez, le menton et les doigts. Le point le plus sensible est de toute façon la pointe du majeur (pulpe). Grâce à cette possibilité, il arrive que certaines personnes (presque toujours hypnotisées) puissent lire et élaborer des images.

Exercices

— Epreuve de la couleur: les yeux fermés, touchez de la pointe des doigts des feuilles colorées, et essayez d'en deviner la couleur.
— Epreuve de la chaleur: prenez trois cartes (le "dos" tourné vers vous); touchez-en une pendant quelques secondes, ensuite mélangez-les et essayez de reconnaître celle que vous aviez touchée, grâce à la légère différence de température.
— Touchez un objet les yeux fermés; essayez d'obtenir le plus possible d'informations par la sensibilité cutanée. Méditez ensuite sur chaque sensation reçue.

Table des matières

Dans la même collection

Comment prédire l'avenir avec les tarots
Chiromancie
L'astrologie
Comment établir votre horoscope
L'hypnotisme
Comment lire la main
Magie et sorcellerie
Comment interpréter les rêves pour gagner au loto
Le mystère des pyramides
Cours complet des arts divinatoires
La magie des songes
Mauvais œil et sortilèges
Le spiritisme
Vos facultés paranormales
Comment prédire le futur par les I'ching
Comment prédire le futur par le marc de café
Guide pratique de la télépathie
Le pouvoir extraordinaire des amulettes et des talismans
Votre futur et votre personnalité révélés par les nombres
Le futur révélé par les cartes
Traditions initiatiques de l'occident
Tout sur la voyance et la précognition
Le magnétisme personnel
Le dictionnaire des rêves
Les rêves et l'amour
Votre santé par les astres
Le zodiaque et l'amour
La cartomancie
Les rêves porte-bonheur

Achevé d'imprimer
en novembre 1985
à Milan, Italie, sur les presses
de Grafiche Milani

Dépôt légal: novembre 1985
Numéro d'éditeur: 1309